マルクスの名言力

パンチラインで読むマルクス入門

KARL MARX

田上孝一

犀の教室
Liberal Arts Lab

装丁　松田行正＋杉本聖士

まえがき

本書は、マルクスの膨大な文章の中から、彼の思想的核心を示す言葉を取り上げ、その意味するところを深掘りして解説するもので、2021年に同じく晶文社から出版された『99%のためのマルクス入門』に続くマルクス入門である。本書もまた前著同様に、多くの読者にマルクスの思想的真髄を伝え、現代社会を考える際のヒントとしてマルクスの理論を活用して貰うための手引きとなるよう心掛けた。

同じ人間が同じ意図で書いた本なのだから、当然その基本観点や視座は二つの著書で共通するし、読者に必ず押さえて欲しい重要論点は繰り返しを厭わず強調している。

とはいえ、既に『99%のためのマルクス入門』で論じてある内容は、本書の意図からすれば必須であっても、マンネリズムを避けるために割愛した。その代表が「宗教は民衆のアヘンである」で、マルクスの最も有名な言葉だと思われるが、既に前著でかなり詳しく解説していたため、本書では扱わなかった。

こうした基本路線から、本書には前著で触れていない新たな議論が多く含まれ、既に前著を読まれた読者でも、改めて新鮮な気持ちで読んでいただけるものと思う。

とはいえ、本書の想定する主要な読者は前著同様に、これまでマルクス自身の著作を読んだことがないような初学者であり、本書が初めて読むマルクス入門というような読者である。

前著『99%のためのマルクス入門』では多くのそうした読者から好評をいただいたが、最初に読む入門書としては難し過ぎるという声も少なくなかった。

そこで本書ではこうした前著での反省を踏まえて、多くの予備知識がなければ理解できないような叙述にならないように注意した。そのため、特に本書の最初の言葉の説明においてなどは、既にある程度の予備知識がある読者には不必要な基本内容を含めている。こうした初学者に配慮した点は、既にマルクスをよく知っている読者には退屈だろうと思う。しかしそうした読者でも読み進めていく内に、これまでの類書では読んだことがない幾つもの新たな論点に出会うはずである。

本書は専門研究書ではないので、提示する解釈の一々について旧来の研究との異同を詳細に述べるような学術的作法は取れない。また執筆の意図としても、新奇な解釈を提示することそれ自体を目的としてはいない。本書はただひたすらに、読者にマルクスの真髄を誤解の余地なく平明に伝える入門書であろうと努めたのみである。その結果として、旧来のマルクス研究ではきちんと論じられてこなかった論点を独自に展開することにもなった。そのため著者としては、本書は入門段階にない専門研究者にも訴えるものとなっていると自負している。

この意味で、これは本書に限らず、『99%のためのマルクス入門』やその前の『マルクス哲学入門』（社会評論社、2018年）のようなこれまで私が世に問うてきたマルクス入門に共通して言えることだが、多くの読者に他の著作家による類書と読み比べて欲しいと願っている。そうすることによって、私のマルクス解釈のスタンスがより一層明確になるはずである。

本文の中で詳しく解説しているように、マルクスは学習者に、要点のみを覚えるような安易な理解に甘んじることを戒めた。しかし本書はこのマルクスの教えに背き、マルクス自身には申し訳ないが、彼の複雑で難解な理論の真髄を端的に読者に示すことを試みた。マルクスの残した膨大な理論的文書の中から彼の理論的真髄を示す言葉を提示し、それらの言葉が持つ豊かな理論的内容を初学者にも分かるように平易にではあるが、しかし決して通俗化することなく緻密に説明しようと努めた。

マルクスは先に明確な結論をテーゼ風に提示して解説するようなスタイルを、安易な理解を促進するとして批判した。しかし本書ではマルクス本人の意図に反して、まさに結論となる言葉をテーゼとして提示し、マルクスの理論的探究を結論から解き明かすというショートカットを行っている。どんなに複雑な理論でも、煎じ詰めれば短い命題に要約できる。ならばそうした結論的な言葉を取り出してそれを解説すれば、その思想家の言いたかったことの要点にダイレクトに辿り着けるはずである。これが本書で行おうとすることである。言わば本書は「結論から見るマルクス入門」ということになろう。

複雑で難解とされるマルクスの思想に対して、それは要するに何なのか、一言で言ってマルクスは何を言おうとしていたのか？　こうした端的な問いに、まさにマルクス自身の一言によって明快に答えようとするのが本書の試みということになる。

しかし残念ながら、マルクス自身によって放たれたそうした一言それ自体は、それだけ読んでも俄かには分からない膨大な背景知識によってその真意が曇らされている。そこで本書ではマルクスに成り代わって、マルクス自身が言い放しにして詳しく説明しないでいる彼の結論的テーゼの意図を大きく敷衍しながら説明する。読者は短い一文が持つ理論内容の大きな広がりに、きっと驚かれるだろうと思う。

マルクスは64年の生涯の中で様々なテーマで研究や調査を行い、広範な分野で膨大な著述を残したが、その中心テーマが何だったかは議論の余地がない。それは彼自身も、そして残念ながら今現在の我々も住んでいる資本主義社会——マルクス自身の定番表現でいえば「資本家的生産様式」(die kapitalistishe Produktionsweise)の社会——の批判的分析と、そうした分析に基づく資本主義の否定として、人類にとって望ましい新社会としての共産主義ビジョンの提示である。そのため本書では、資本主義の本質と共産主義の適切なあり方についてのマルクスの言葉が、主として選ばれている。

それと共に、こうした資本主義の本性と共産主義の理想に関わる言葉のいずれもが、多くの場合で人間のあり方に関する言葉として言われていることに気付く。それはどこまで行っても、人間の社会は人間自身の社会であり、善きにつけ悪しきにつけ、他ならぬ人間自身によって形作られているという事実に由来する。人間社会を作ったのは神や宇宙人のような人間ならぬ絶対的他者ではない。他ならぬ人間自身が、それ自体が自然的存在として自然進化史の大道に乗りつつも、他の動物とは一風変わった独自な形で歴史的に形成したのが人間社会である。それだから、神を否定する唯物論者マルクスの社会像は、人間と密接に関連付けられて語られる他はなかったのである。

この意味でマルクスを学ぶということは、人類の来し方行く末を見据え、現にある望ましくない人間のあり方を批判的に乗り越え、共産主義において全面的に開花するだろう人間性を希求し、人間が未来においてその可能性を完全に実現できるという、人間への信頼を学ぶことである。

こうした明るい人間観はしかし、暗い世相の今日では流行らないかもしれない。環境危機の現在であるが、地球上から人類が一掃されれば直ちに自然はその回復力で豊かな緑の惑星を作り上げるというような話は度々囁かれてきたし、ＳＦのモチーフにもなっているが、最近ではコンピュータ・シミュレーションによっても確かめられているのだという。

だとしたらマルクスのように人類の繁栄を展望する思想は旧弊に属するのかも知れない。思うに、絶滅する前に取りあえず共産主義をやってみて、それでも救いがないようだったら本格的に反出生主義（生の苦痛はいかなる快楽とも不均衡だとして、そもそも生まれないことが最善だとする倫理思想。アンチ・ナタリズムともいう）を広めて、生殖活動のボイコットにより緩やかな人類絶滅を目指すのはどうかと、半ば冗談だが、割と本気で思っている。

勿論『99%のためのマルクス入門』で詳しく説明したし、本書でも触れているように、世間では不正確に「共産主義」と呼称されることの多い旧ソ連や中国は、共産主義ではない。マルクスの構想する理想社会としての共産主義はこれまで一度も実現したことはなく、旧ソ連東欧社会という現実社会主義の崩壊は、マルクスの理論的生命の枯渇を意味しない。むしろその気になれば本当に実現できるまでに生産力水準が高まった今日からこそが、共産主義実現に向けての本番かも知れない。

とはいっても、旧来のマルクス主義が強調したような歴史の絶対的法則のようなものは存在しない。人類は必ず共産主義を実現するなどと断言することはできない。しかし資本主義がこのままの姿で永遠に続くというのも、共産主義が必ず実現する以上にありそうもない。深刻化する環境破壊は、資源浪費型経済システムである現行の資本主義終焉の弔鐘となっている。人類は遠くない未来に大きな選択を迫られるというのは、絶対とは言えないが、かなりありそうな未来予測になる。

そうだとすると、資本主義を超える社会を展望した思想家群の最高峰であるマルクスその人の理論が、かつての革命の世紀並みに大きく注目されるようになるのも無きにしも非ずだろう。

マルクスの言葉を取り上げて解説する入門書はこれまでも散見されたが、本書のように一つの言葉をどこまでも深掘りして解説しようとする入門書というのは、類例を見ない。ここに本書独自の価値があろう。そして環境危機の転換期にあって、本書は何かしらの問題提起になるのではと、著者としては自負している。

本書は基本的に書き下ろしだが、付論の「物件化としての商品化」だけは2020年1月にアップされたネットコラム、「物件化としての商品化」（ブリタニアグループ britannia.co.jp）からの転載である。マルクスの中心概念が疎外であることは、これまで私が出版したマルクス関連書籍でそうしてきたように、本書でも繰り返し強調してあるが、マルクスについて予備知識のある読者には「物象化」概念はどうなっているのかと疑念を抱く向きもあろうかと思い、補足として収録した。

本書はそれ自体で独立した著作であり、本書だけ読んでもマルクスに入門できると思うが、『99％のためのマルクス入門』の姉妹編として、併せて読んで貰うことを念頭に置いて書かれてもいる。併読することにより、マルクスへの理解がなお一層深まると思う。

本書でのマルクスの言葉はドイツ語原典から直接訳出した。基本的に原文通りだが、見出しにふさわしいように若干語句を変えた場合がある。

マルクスの名言力　目次

1

ブルジョア社会では過去が現在を支配し、共産主義社会では現在が過去を支配する。

『共産党宣言』

マルクスの理論的核心を表わす言葉

『共産党宣言』（1848年）には人口に膾炙された有名なフレーズが数多ある。この著作の序文は「共産主義という妖怪がヨーロッパを彷徨っている」という警告で始まり、本文は「これまでの全ての社会の歴史は階級闘争の歴史である」という宣言で始まる。どちらも、『共産党宣言』を読んでいない読者でもどこかで聞いたことがあるのではないか。

これに対して冒頭に掲げた「ブルジョア社会では過去が現在を支配し、共産主義社会では現在が過去を支配する」という一文は、一般には全く知られていないし、『共産党宣言』を読んだことがある読者でも、特に注意せず読み飛ばしてしまう場合が多いかもしれない。しかしこの言葉は、よく知られて箴言化された言葉と並んでというか、そうした有名な言葉以上に、『共産党宣言』のみならずカール・マルクス（1818年〜1883年）という思想家それ自体の理論的核心を表している。

とはいうものの、この言葉だけでは一体何を言わんとしているのか自体が分からないのではないか？

先ず「ブルジョア社会」だが、ブルジョア階級であるブルジョアジーが支配する社会ということになる。ブルジョア階級は資本家階級ともいうように、個人としてのブルジョアは資本家であり、階級としてのブルジョアジーは資本家階級である。資本家というのは資本の人格化であり、資本家が支配する社会というのは、本当は資本が支配する社会ということだ。些末な区分のように思われるかもしれないが、資本と資本家を分けることはマルクスの思考スタイルを理解するための必須の大前提になる。

マルクスは社会のあり方を基本的に非属人的なシステムとして捉えようとする。社会は当然人間の作り出す社会であり、社会の基本的な構成単位は個々人である。この意味では確かに社会は常に人間社会であり、人間とは別に社会という実体のようなものがあるわけではない。しかし個々の人間によって一度社会が構成されると、社会は一個の全体的システムとして、個人の挙動とは相対的に独立した形で、それ自体で独自の運動を展開する。ここから、ブルジョア社会で支配しているのは、目に見える実体としては個々の資本家ではあるが、一見では分からない深層では階級としてのブルジョアジーが支配しているということになる。個々の資本家は社会システムの機能として支配を担わされている資本の役割を遂行するアクターに過ぎないということだ。

そのため、個々の資本家が個人としてどのように心掛けようとも、その行いが資本の要請する範囲を逸脱すれば、資本家として存続できない。

資本は支配する側であり、支配されるのは労働者である。労働者は個人としてはプロレタリアであり、階級としてはプロレタリアートである。従って我々の社会はブルジョアジーがプロレタリアートを支配する社会であり、ブルジョアジーが支配階級であるために、社会全体の運営原理がブルジョアを中心にしてブルジョアに有利なように編成されている。これが我々の住む資本主義社会であり、マルクスの主要な批判対象でもある。

このため個人としてのプロレタリアは常に個人としてのブルジョアに搾取される運命にある。それはブルジョアの存在理由が、労働者と社会全体にとって必要以上な分を取るためにあるからだ。ブルジョアはプロレタリアである労働者を搾取することによって存在できる。搾取がなくなればブルジョアは消滅するのである。

搾取する資本家と搾取される労働者

雇う人がいて雇われる人がいるという賃労働の世界に当たり前のように生きていると実感し難いが、搾取のない世界を想像するのは容易だし、原理的な困難もない。労働者が作り出した全ての富の内、生産活動を続けたり発展させたりするのに必要な分や、子供や老人、それに労働ができないような人たちの分などを控除し、残りを全て労働者自身の生活費にすれば、資本は発生しない。会社や工場は労働者が自ら経営すればいいので、資本家はいらない。こういうあり方を「労働者自主管理」という。こうした自主管理がきちんと社会全体で実現していれば資本は生じないので、その社会は資本主義ではなくなっている。そして労働者自主管理には理論的にも実践的にも多くの蓄積がある。

しかし残念ながら我々の社会は労働者自主管理ではなく、搾取する少数の資本家と搾取される多数の労働者がいる資本主義であり続けている。労働者が作り出した富の分配は、真っ先に自らは労働をしない資本家の分を差っ引いた上で行われる。働く者ではなく働かない者が社会の主人公であるため、労働者は自らで社会を管理することができず資本家によって管理されてしまう。このため、こうした搾取を不当だと感じる人々の中には、個々の資本家に敵意を抱き、場合によっては直接的な暴力を加えたくなってしまう人も出てくる。

実際マルクスもこうした暴力の扇動者と見なされ、偏見にさらされただけではなく、国外追放のような官憲の弾圧を受けたりもしてきたわけである。

確かにマルクスは一切の暴力を否定した絶対平和主義者ではない。彼は積極的に暴力を肯定することはなく、同時代人の一部に見られた、社会的条件の成熟を無視して少数の精鋭により政府を転覆させて一挙にユートピア状況をもたらせるかのような思潮には厳しい批判を浴びせていたが、社会条件が要請する直接的な強力的政治活動は、むしろこれを必須なものと考えていた。こうした直接行動においても流血の惨事のようなことは極力避けるべきだと考えていたものの、あちらから戦争を仕掛けてくる階級敵に徒手空拳で勝利できるという幻想も抱いていなかった。こちらから避けようとしても、暴力的な抵抗が要請されるのは止むを得ないと考えていた。

しかしそうした暴力は個々のブルジョアに向けられるものではなく、階級としてのブルジョ

1　ブルジョア社会では過去が現在を支配し、共産主義社会では…『共産党宣言』

アジーやブルジョアジーの暴力装置である軍隊や警察が仕掛けてくる暴力への対抗措置とされていた。

このためマルクスは『資本論』（1867年）の中でも、自分が批判しているのは一定の社会的役割を担った階級としてのブルジョアジーであって、具体的な顔や名前を持った現実のブルジョア誰それではないということを強調していた。これは彼が同時代人に誤解されたような、個人テロの推奨者ではないということの訴えだったわけだ。

過去が現在を支配する

こうして資本と資本家を分けることは理論的にも重要な意味と実践的帰結をもたらすが、そうした階級としてのブルジョアジーが支配する資本主義社会は、過去が現在を支配するのだという。これは何を意味しているのか？

このことを正確に理解するためには、この文章の前後の文脈を知る必要がある。そこで改めてこの文章を含む前後の文を引用すると、次のようになる。

我々が望むのはただ、労働者が資本を増やすためのみに生き、支配階級の利害が必要とする限りにのみ生きているような、この獲得（Aneignung）の惨めな性格の止揚である。ブルジョア社会では生きている労働は、ただ蓄積された労働を増やすための手段であるにすぎない。共産主義社会では蓄積された労働は、ただ労働者の生活過程を拡張し、豊かにし、満足させるための手段であるにすぎない。ブルジョア社会ではだから、過去が現在を支配し、共産主義社会では現在が過去を支配する。ブルジョア社会では資本が自立的で人格的であるのに対して、活動的な個人は非自立的であり非人格的である。

ここは賃金というものが何であるかを説明しようとする文脈で、最初に賃金というのは資本により労働者が生存するための最低限に抑えられて、残りを資本自身の自己増殖のための手段として使われてしまうことを告発し、我々共産主義者は他人の労働を支配する資本に転じるような余剰を残さない収益を労働者の個人的な消費財とすることを禁じようとするのではないと前置きがされる。

これは当時も今も、共産主義というのが生産手段も消費手段も均《ひと》し並《なみ》に個人から没収して、乏しい生活財が権力者から下賜されるようなディストピアであるかのようなイメージが付きまとっているからである。1848年に出された『共産党宣言』の4年前に執筆された『経済学・哲学草稿』でも既に「粗野な共産主義」に対する批判がなされていた（『99%のためのマルクス入門』参照）が、『共産党宣言』は共産主義を宣揚しようとする性格上、共産主義に対する通俗的誤解への批判が随所に見られる。ここもその一例ということだ。

そして共産主義者が望むのは、個人消費のためのAneignung（アンアイグヌング）を無くすことではなく、「Aneignungの惨めな性格の止揚」なのだという。

実はこれこそが、『共産党宣言』のみならず、マルクスの理論そのものが目指すものになる。つまりマルクスは、資本主義というのは、そこにおいて労働者のAneignungが惨めな性格を帯びるがためにこれを批判し、Aneignungが惨めではなく豊かになるような社会としての共産主義を求めたということである。

マルクスは労働をどう捉えていたか

ではAneignungとは何なのか？

それは人間が労働において自己の本質を対象化し、対象化した成果をしっかりと我がものとすることである。

という説明だけでは、研究者や既にマルクス主義文献に親しんでいる読者以外は、よく分からないだろう。

先ず前提としてマルクスが労働という行為をどう捉えていたかを知る必要がある。

マルクスにあっては労働とは、具体的な個々の労働を指し示すと同時に、それらの具体的労働に貫く普遍的な性格として、人間が自己の本質を自らの前に生産物として現し、それを自らの物として得て消費する過程だとされる。この際、生産物とするのは自らにとっての対象となることなので、この面から労働とは対象化（Vergegenständlichung）の過程だとされる。

この場合にいう「対象」は、日常語とは異なり哲学的な専門用語である。Vergegenständlichungというドイツ語の中のGegenstand（ゲーゲンシュタント）が対象に当たる。GegenstandはGegen-standであり、gegen（〜に対して）Stand（立つ）という意味である。では何に対して立っているのかというとSubjekt（主体）であり、主体に対向するものという面から言えば、対象は客体である。では主体とは何かだが、ここでは取りあえず人間一般であり、人間としての個々人と考えてよい。

取りあえずというのは、マルクス後の時代には人間以外の動物を主体と考える動物権利論が現れた（詳しくは拙著『はじめての動物倫理学』集英社新書、2021年、参照）からだし、論理的には人間同様の知性を持ったロボットやＡＩが開発されたら、これらの機械を主体と見なしてはいけない理由はないからである。

ともあれこうした現代的展開とは異なり、マルクス自身には人間以外の存在を主体とする視座はなく、マルクス以外の哲学者も一般に主体とは直ちに人間だと考えていた。この点で少なくともマルクスや古典的なマルクス主義文献を読むにあたっては、主体とは直ちに人間を意味していると考えておいてよい。

そういう意味でマルクスにとって労働とは主体による客体の措定としての客体化であり、客

1 ブルジョア社会では過去が現在を支配し、共産主義社会では…『共産党宣言』

体化としての対象化である。そしてセットされた客体としての対象を主体として完全に我がものとできることが獲得Aneignungである。そうした獲得が「惨めな性格」になっていることが問題とされているが、獲得が否定的な性質を帯びるそもそもの前提は、対象化された客体を我がものとすることができないことである。それは主体が対象化した成果が、その産出者である当の労働する人間自身から遠ざかって、疎遠（fremd）になってしまうことに起因する。このように、労働生産物が労働者自身から疎遠になってしまうのは労働の疎外（Entfremdung）である。こうして疎外とは獲得の対概念である。だから疎外の止揚とは、獲得の実現なのである。

「疎外」「獲得」「止揚」

本書は専門研究書ではないので、マルクス研究に関わる細かい議論は原則的に行わないが、この疎外Entfremdungの反対語が獲得Aneignungであり、両概念はマルクスにあっては常に対にして用いられているという事実がこれまでのマルクス研究では殆ど注意されてこなかったということは、これからマルクスを読もうとする初学者のためにも一言しておきたい。その一つの現れが、マルクス原典の翻訳書間にある訳語の不一致である。

ここでは断りなしにAneignungを「獲得」と訳してきたが、これは特に『経済学・哲学草稿』を中心とする初期マルクス文献の翻訳や初期マルクス研究論文等で用いられている。これに対して『資本論』の翻訳やマルクス経済学研究では「領有」や「取得」が用いられることが多い。勿論Aneignungそれ自体は「我がものとする」という意味なので、獲得ではなく領有や取得でも間違いではない。ただ獲得に比べて領有や取得では、それが実現されないで疎外されているという反対の事態との関連が見え難い。これは『資本論』の訳者をはじめとしてマルクス経済学者の多くがAneignungがEntfremdungの反対概念であることを意識しないでいるためだと思われる。しかしこの両概念はマルクスにあっては常に対比的に用いられているので、マルクス読書の際には注意が必要である。

また「止揚」であるが、これはAufheben（アウフヘーベン）の訳語で、他に「揚棄」という表現も用いられる。周知とまでは行かないかも知れないが、ヘーゲルが多用している言葉で、マルクスはヘーゲルに強い影響を受けているため、マルクスもまた愛用していた。

アウフヘーベンというドイツ語自体は哲学のみで使われる特殊な専門用語というわけではなく、日常会話でも用いられる。aufは「上へ」でhebenは「上げる」なので、上へ持ち上げるというような意味になる。日本語でも「棚上げにする」という言葉があるように、物事をいったん持ち上げてそのままにしておくということなのか、派生的に中止するとか取り消すといったような意味もある。ヘーゲルはこうしたアウフヘーベンの多義的な意味を上手に用いて、自己の哲学を説明する際の便利な道具にしたわけである。

ヘーゲル哲学では物事は総じて低次から高次への発展段階を経て運動的に展開するものとさ

れる。この場合、低次のものが高次に移行すると低次のものはいったん否定されるが、全く無駄なものとして打ち捨てられるのではなく、それなしでは高次なものが実現し得なかった前提として高次のものの中に変形して保存される形で実現される。つまり低次なものは高次なものにアウフヘーベンされる。単にそのまま保存されるのでも否定されて捨てられるだけでもなく、保存しつつ捨てられるのである。こういう事態を説明するための訳語として編み出されたのが「止揚」や「揚棄」という特殊な専門用語だというわけである。訳語としては一長一短で、それまでの成果を引き受けて高次段階に引き上げるという面では止揚が適切で、限定的に捨て去るという意味では揚棄がイメージし易いようにも思える。ただ、この言葉それ自体に拘泥するのはさして意味はないので、言わんとする意図がつかめれば十分である。この点ではありふれた日本語である「克服」と言い換えても大過ない。何かを克服することそれ自体は否定する行為だが、否定によって否定されたものが糧となって自己をより高めてくれる。こうしてみるとアウフヘーベンという哲学的な難解語も、さして構える必要はないわけだ。

資本と資本家を区別する

ともあれ、こうして「獲得の惨めな性格」というのは疎外された労働の一つのあり方ということになる。疎外によって労働者である人間には様々な悪がもたらされるが、その一つの側面が「惨めな性格」という言葉で表現されている。その具体的内容こそが引用文に示されている労働者が支配階級である資本家階級の中心利害である資本蓄積を目的としてのみ生かされているという事態である。

労働は何のためにやるのかと言ったら、自分のためと答えるのが一般的だろう。

確かに労働というか働くのは稼ぐためであり、稼ぐのは自分や家族を養うためである、この視野にのみ思考が収まっている限りは、労働は自分のためにあるものだというのは真実に思えるだろう。

しかし事実はこれと異なる。

我々の社会である資本主義では労働の主要目的は資本蓄積であり、労働者の生活は資本蓄積のための手段に過ぎない。本当ならば24時間ずっと働かせ続けたいが、そんなことはできない。労働者は生身の人間なので、生存するためには休息が必要だ。そして働かない時間はただ食事や休息にだけ必要なのではない。中には仕事が大好きで一日中働き続けたいという者もあるかも知れないが、多くはそうではない。労働時間以外に食事や入浴や睡眠だけではなく、遊んだりスポーツをしたり趣味に親しんだり仕事以外で学びたいことを勉強したりといった、いわゆる「文化的」な活動を求めている。

かつてのように労働運動がまだ進展しておらず、労働者側の力が弱かった時代では長時間労働や児童労働がまかり通り、労働者は困窮していた。文化的な生活を送り、教養を陶冶できるような自由時間は与えられてなかった。現在は労働者側の抵抗が一定の実を結び法定労働時間は短縮されたものの、こうした労働者側に有利な法整備は原則的に資本側の妥協によるものである。そのため景気が悪くなり資本側に余裕がなくなってくると、ワーキングプアのような状況に陥る労働者は直ちに増大する。非正規労働者の増加といったような現況も、資本に有利な産業構造変化の一環ということになろう。

ここで気を付けなければいけないのは、先に述べた資本と資本家の区別である。

資本主義では労働者は資本によって資本蓄積の極限値に近づけるために、最大限搾取され、その労働は労働者が生存できる限界値にまで強化される。仮に労働者が何の抵抗もせず資本家の言いなりになっていたのなら、労働時間は14時間や16時間にも増えるだろう。実際こうした長時間労働は、19世紀のイギリスでは常態化していたのである。ということは、資本家というのは己の儲けのために労働者の人権など無視して労働者を扱き使う、鬼のような存在なのかということである。

確かにそういう悪人もいるのかもしれないが、決して資本家一般のパーソナリティではなかろう。もし資本家が悪人ばかりだから労働者が搾取されるというのならば、資本家を改心させて善人にすればいい。そうすれば労働者を搾取する悪い資本主義から、労働者を搾取しない良い資本主義になるはずだ。しかし実際はそんな話にはならない。資本主義は競争社会であり、競争に負けた者は滅びる優勝劣敗の世界だからである。

競争によりある特定の企業のみが突出して高い生産性を長期にわたって保てることはありえず、基本的な生産条件は平準化される。そうした中で、ある慈悲深い資本家が非常に低い労働強度とそれに反比例するかのような高賃金を労働者に与えるとしたらどうなるのか。そうした高徳の経営者は短期的には従業員に感謝されるだろうが、長期的には必ず倒産の憂き目に会うだろう。

労働者への抑圧が常態化している中で、資本家個人の善行はむしろ身を破滅させてしまう。労働強化が生き残るための前提であるならば、資本家は個人の思惑に関わりなく、労働を強化せざるを得ない。マルクスが資本家を「資本の人格化」とした所以である。だから労働者搾取の責任は個々の資本家に帰すことはできず、搾取は資本主義それ自体の基本構造なのである。

もっともだからと言って資本家は全て免罪されるというわけではない。やはり必要以上に労働者を痛めつける悪人は断罪されるべきではある。しかしそれは例外だし、そうした例外には暴力による制裁をしていいというわけでもない。資本家への個人テロの奨励は、警察権力を握っている資本主義擁護勢力に弾圧への大義名分を与えることにもなる。大事なことはやはり資本主義というシステムそれ自体を変革することだろう。そのためには批判の主要な矛先は個々の資本家ではなく、資本というシステムそれ自体だという認識を大前提として周知徹底させる必要がある。

生きている労働、死んだ労働

　さて、こうした意味で資本主義では労働は資本蓄積のための手段に過ぎないのだが、この際、この労働は「生きている労働」であり、そうした生きている労働が「蓄積された」労働を増やす手段だとされている。労働者の活動である労働が生きている労働ならば、その結果蓄積される結果である労働は、「死んだ労働」なはずである。実際マルクスは『資本論』において、「生きて活動している労働」と「死んで蓄積された労働」という二項図式で議論を行っている。そして資本主義では生きた労働が死んだ労働の手段であるのに対して、共産主義では逆に死んで蓄積された労働は生きた労働の提供者である労働者の生活を豊かにするための手段に転ずるのだとされている。切り詰めて言えば、資本主義では死が支配するのに対して、共産主義では生が支配するということになる。

　明らかにここでマルクスは生を死と対比させて、生に積極的肯定的価値を与え、死に否定的価値を配置している。これは常識が前提されているということになろうが、この際マルクスは、生を積極的に肯定すべき理由として、それが現在的に活動の最中にあることを挙げているように思われる。そして死の否定的な所以は、それが現在において生き生きと活動することが最早かなわなくなった状態だからという点にあるとされているように見える。明らかにここには、人間のあり方の基本を現実に活動している状態（エネルゲイア）に見たアリストテレスの影響を見て取れる。人間の活動を完成（エンテレケイア）を目指してその可能性（デュナミス）を実現してゆく現実態（エネルゲイア）として見るアリストテレスの認識は、『資本論』でも明確なマルクスの基本的な思考図式でもあり、ここには人間の本質をその現在的な活動性において見て取るというマルクスの基本的な人間観が表出している。

こうしてようやく我々は、「ブルジョア社会では過去が現在を支配し、共産主義社会では現在が過去を支配する」という言葉の意味に辿り着いた。人間は現在に生きてこそその本来性を発揮できる存在である。その生きる時間は常にこの現在であり、その生きる目的は現在と未来を豊かにすることだ。だから過去に囚われ、過去に支配されることは、あってはならない否定的な状況になる。しかしまさにそれこそが我々が置かれている資本主義の基本的な性格なのである。だから我々は資本主義を克服し、過去に支配されることによって奪われる人間性を取り戻さなければならないのである。過去に支配される資本主義では人格であるはずの人間は自らの運命を切り拓ける自立的な存在ではなく、そのような存在として人格である人間は非人格的になり、資本が自立的な人格になる。人間でない物が人間の位置に来て、そのために人間はその人間性を奪われるのである。だから資本主義は克服されなければいけないのであり、人間からかけがえのない人間性を奪う社会秩序であるがために、マルクスは資本主義を批判したのである。

今この現在に自分らしく生きてこその人間。そのような人間を実現するための共産主義。こ

1　ブルジョア社会では過去が現在を支配し、共産主義社会では…『共産党宣言』

れがマルクスの基本的なビジョンであった。このようなマルクスを、21世紀に生きる我々はどう受け止めるべきなのだろうか。

2

資本主義的生産様式が支配する社会の富は、一つの「巨大な商品の集まり」として現れ、個々の商品はその要素形式として現れる。我々の探求はだから、商品の分析と共に始まる。

『資本論』

自他共に認める主著の冒頭の言葉

「何事も初めが肝心」というが、著書にあっても始まりの言葉には時として著者なりの美意識が示されたりもする。とはいってもこれは個人差が大きく、そんなことは気にしないという著者もいれば、細心の注意を払って言葉を選ぶという書き手もいるだろう。

かくいう私はそれこそこの問題をこれまで特に気にしなかったという意味で、前者の一員ということになる。実際にどちらが多いのかは定かではないが、間違いなくマルクスは後者ということになろう。

そもそもマルクスはその書き残した膨大な量に比べて、実際に活字にして出版したのは少なく、単著となると意外なまでに少ししかない。マルクスが生前に自らまとまりのある単独著作として上梓したのは、パンフレット的なものや後に編纂されたようなのを除くと『哲学の貧困』（1847年）、『経済学批判』（1859年）、『フォークト君』（1860年）、『資本論』第一巻（1867年）くらいで、今日我々がマルクスの代表作として親しんでいるような著作の多くは比較的短い政治的パンフレットや新聞連載や講演録だったり、未完の草稿だったりする。

何より主著である『資本論』自体が、マルクス自身によって刊行できたのは全三部中の第一部とその改訂版だけで、二部と三部はマルクス没後にエンゲルスによって出版されたものである。そして今日、これなしではマルクスを語ることができない重要な初期著作である『経済学・哲学草稿』や『ドイツ・イデオロギー』は、1920年代から30年代になって初めて陽の目を見たものである。

著作家の中には膨大な草稿のごく一部しか活字化されずに世を去ってしまう場合も少なくない。中にはアダム・スミスのように『国富論』（1776年）と『道徳感情論』（1759年）の主要二著作以外の原稿は焼き捨ててしまったという例もあるが、多くはそのまま遺稿として残されている。マルクスは生前『論理哲学論考』（1921年）と小学生用の語学教本しか自ら活字化することのなかったヴィトゲンシュタインまではなくとも、やはり草稿を軸に研究されるべき理論家の一人ということになる。

実際に書いている量に比べて自ら活字化した分が少ないのは完全主義的傾向があることの証だと思われるが、そうした著者だからこそ、出だしには一定のこだわりが出てくる。そしてここで取り上げる言葉は、そうしたマルクスが自他共に主著だと認める『資本論』の第一章「商品」の冒頭の言葉なのである。この意味でこの言葉には、短いながらも『資本論』のエッセンスのような重要な内容が表明されているのではないかと予測できる。そして実際にこの言葉は、『資本論』の始まりであると共に、『資本論』の考察対象である資本主義とは結局何だったかという、『資本論』の終着点ともなっている。資本主義とはつまるところ巨大な商品の集積であり、それだからこの社会は人間にはふさわしくなく、別の形の社会に取って代えられるべきだという話になるからである。

『資本論』の構成

ではこの『資本論』だが、先に述べたように全三部三巻構成で、マルクス自身の手ではただ一巻だけを出すにとどまった未完の大作である。

二巻と三巻はマルクス没後出版なので、マルクスが成したであろう姿とは別である可能性があるし、実際にマルクス研究の世界ではエンゲルスの編集のあり方の是非が大きな問題となっているが、そうはいってもあくまで『資本論』は三部構成の作品であり続けただろう。それはこの三部構成というのが理論的に重要な意味を持っているからである。

マルクスが採用する基本的な方法論は弁証法であり、弁証法はマルクスがヘーゲルから、その観念論前提を唯物論的に換骨奪胎した上で引き継いだものである。

ヘーゲルの弁証法といえば正―反―合という図式で語られることが、高校倫理の教科書をはじめとして広く一般化されている。しかしこの図式はヘーゲル自身のものではなく、後になされた通俗化である。ではこの図式が不当な曲解かといえば、決してそんなわけではなく、確かにヘーゲルの思考図式を上手く捉えてはいる。

ヘーゲル自身に即せばむしろテーゼ↓アンチ・テーゼ↓ジン・テーゼということで、先ずはその物をそれとして受け取り、今度はその否定的側面を吟味し、そうした否定を媒介させることでその物の真実を把握することができるという方法論になっている。ヘーゲルの場合はこうした弁証法は思考の方法である以前に物事の存在のあり方そのものであり、物事が弁証法的に運動するから思考も弁証法的な段階を踏んで進行すると考える。というのは、我々が属する物質世界の根底には精神的な論理が貫いていて、そうした精神的な論理が弁証法的に進行するがために、同じく精神である人間の思考もまた、弁証法的に行われるからである。

これに対してマルクスは物質世界の根底に精神的な原理を認めず、物質それ自体の原理が弁証法であるとした。そして人間もまた物質的身体として、弁証法の法則内にある存在である。勿論人間は物質的身体であっても、心なき無機物と同じではなく、意識ある存在として独自な運動を展開する。とはいえやはり人間もやはり一個の物理存在に他ならず、その独創性はあくまで物理世界内部で展開できるに留まる。物理法則を使って独自な創造を行えるのが人間であって、物理法則を無化できるような独自な力は持ち得ない。それは人ならぬ神の領域である。

ともあれ、こうしてマルクスもまたヘーゲルを継承して弁証法を基本的な思考図式にしているために、物事を三つの側面に分け、第一の否定的側面としての第二、第一と第二の統一としての第三、そして三則面の総合としての全体像という形で、『資本論』を三部構成として構想した。

そうすると『資本論』は第三部である第三巻だけ読めばいいのかといえば、そうではない。確かに第三巻は「資本の総過程」であり、資本という物のあるがままの全体像を提示しようとしている。しかしそれは資本というのを常識的な目に映る姿で描くことであって、いわば資本という物の「現象」を示すことである。

「仮象」ではなく「本質」を把握する

現象というのはドイツ語ではErscheinungやPhänomenといい、何れもより根底にある「本質」が外に現れ出たものだという含意がある。従って現象は必ずしも本質を表しているとは限らず、むしろ本質や実像を隠蔽する役割を果たす場合もある。この場合、現象は「仮象」として、本当の姿が隠された仮の姿として現れることになる。『資本論』の第三巻は資本の具体的な現象をあるがままにつかみ取ろうとするが、こうした現象の次元において、資本が得るのは「利潤」、つまり儲けとして現れる。資本主義とはこうした利潤を追求する社会であり、利潤は生産にかかった総費用から必要なコストを差し引いた残りである。必要なコストには労働者に与える給料も含まれ、儲かっている企業ならば給料が高くても十分に儲けが出るが、不景気な会社では給料の支払いもままならないということになる。

こうしたことは我々がごく常識的に理解している当たり前の経済像であり、ここには何ら神秘的なところがない。誰も何も不正をしてないし、誰かが誰かを搾取しているわけでもない。

資本主義というのがこうした常識的外観のままの社会であったなら、これを批判する必要はさらさらなく、問題になるのは資本主義という形式そのものではなく資本主義のあり方だけになる。労働者が貧しいのは儲からない会社に勤めているからであり、そうした不景気な会社が多いのだとしたら、それは社会全体の景気が悪いからである。従って解決策は専ら、どうしたら社会全体の景気を良くし、儲けを増やすことができるかということになる。そして実際、我々の耳目に日々接する経済ニュースは、殆ど全てがこの手の論調のものばかりである。

しかしこうした馴染み深い常識が実は「仮象」であり、「本質」は異なるというのなら、話はまた違ってくる。

実にこれこそがマルクスの主眼であり、『資本論』の主題でもあるのだ。資本が求め生み出す利潤の本質は、実は「剰余価値」であり、剰余価値の源泉は労働者の「労働力の搾取」だというわけだ。

そしてこうした物事の本質は、現象をただ観察するだけでは見えない。現象の奥に潜む本質を把握することによって、現象のメカニズムをしっかりと理論化することに拠らないでは見えてこない。これが『資本論』第一巻の任務である。

『資本論』は資本主義という社会の全体像を示そうという書物であるが、資本主義というのは独自の生産様式、つまり独自な生産のあり方をした社会ということになる。この場合、マルクスが経済のあり方を他ならぬ「生産」の様式で代表させていることに深い意味がある。交換や流通の様式でも消費の様式でもなく、あくまで生産の様式なのだ。ここにマルクスの経済理解の鍵がある。

マルクスは経済をどう見ていたか？

そもそも経済とは何なのか。マルクスは経済というのものをどう見ていたのか？

マルクスによれば経済とは生産に始まり消費に終わるサイクルが絶え間なく繰り返される過程である。つまり再生産過程である。もし生産された物が作った当人や作り手が属する共同体内部だけで消費されるとしたら、経済は生産→消費→生産の円環を描く再生産過程になる。

しかし現代にあってはこうした経済のあり方は局所的な例外で、人々は広大なネットワークの網の目の中にある。我々が消費財を得る通常の方法はそれを購入すること、つまり貨幣を用いて購買するやり方である。当然購入される物は商品として作り手を離れて広く流通している。従って現在における経済の基本的なあり方は生産が直接消費に帰結することなく、間に流通が挟まれ、流通が生産と消費の間を媒介している。

こうした媒介過程としての流通それ自体は商品の交換過程だが、商品が交換できるためには一定のあり方で商品が既に市場に投げ込まれている必要がある。交換するには前提として予め生産過程から流通過程に配られているという理屈になる。このため流通過程は分配→交換という過程となる。

このことはまた、本格的に交換が始まるには生産物が共同体の外側に出ないといけないということを意味する。というのは、共同体の規模が大きい場合は物が生産される場と消費する場の違いが明確になり、作られた物が直ちに消費されるとは限らないからだ。この場合、生産物は共同体の論理に従って共同体成員に配られた上で消費される。従ってこの場合は生産→分配→消費となり、流通過程は完全には実現されていない。流通が実現するためには生産物が共同体の外に出て交換される必要がある。交換されることによって生産物は商品として流通することができるのである。

このため我々の経済は配給制ではなく貨幣経済となっているわけである。

この意味でもし消費財が全て配給制になれば商品は単なる消費財になり、商品としての性格を失う。こうなると最早、商品を基本的な細胞単位とする資本主義は成り立たなくなる。この意味では資本主義ではない経済のあり方を我々は容易に想像できるわけだが、我々が常識的に知っている配給経済は専ら緊急時に行われる「不足の経済」であり、商品経済の不全がもたらす資本主義より一層悪い経済のあり方に留まっている。配給を受け取りに並ぶかつての現実社会主義諸国の人々はまさにこうした貧困の実際だったわけである。

しかし社会主義はその本性からして資本主義以上に豊かな社会のはずなのだから、その社会が本当に社会主義ならば、乏しい物資が配給されるような商品経済の否定では有り得ない。資本主義では不可能な、全ての社会成員が十二分に豊かな享受ができるような配給である他はない。そのためマルクスも『ゴータ綱領批判』（1875年）をはじめとする全ての未来社会構想の描写で、「高度な生産力発展」を大前提としていた。

生産様式という概念

こうした高度に豊かな非商品経済が果たして可能なのか、また、環境危機が叫ばれる昨今で高度な生産力による物質的富裕を強調する議論に問題がないのかという論点は重要だが、ともあれマルクスにあっては、経済とは生産に始まり資本主義のような商品経済では間に流通を媒介させる生産→分配→交換→消費という円環を描く再生産過程ということになる。

ということは経済とはただ生産の契機のみならず分配に交換と最後に消費するという契機を含んだ総体ということになる。そしてこうした総体が広義の生産であり、そうした意味でマルクスは生産様式という概念でもって、ある方式で営まれる経済過程の基本性格を規定したのである。つまり、本来は経済過程全体の一契機に過ぎない狭義の生産を、経済過程そのものを示す広義の概念にまで拡張した上で、そうした生産概念でもって経済のあり方それ自体を規定している。要するにマルクスは、「交換様式」や「消費様式」ではなく、あくまで生産の様式として経済のあり方を特徴づけているということだ。これはなぜなのか？

実はマルクスに先行する経済学者の多くは、生産は人間の本性に根差した不変のあり方をしていると考えていたのである。

これはつまり、その経済学者の属している社会で主流となっている生産のあり方を人間にとっての自然だとして、不変の秩序として前提しているということである。そのため問題の改善方法は生産ではなく主として分配のあり方に求められる。不公平な富の偏在を公平に再分配するというのが、マルクス当時の標準的見解であり、これは何も資本主義擁護勢力に限らず、資本主義に反対しているはずの社会主義者や共産主義者の多くにも共有されていた基本前提だった。

しかしマルクスは、生産→分配→交換→消費という過程の中で、最初の生産こそ「概括的契機」だとした。生産→分配→交換→消費という経済の全過程が、最初の契機である生産のあり方によって主要に規定されるということだ。

これにより、分配のあり方は生産によって決まるので、生産をそのままにして分配を変えようとしても、「公正な分配」は真実には実現しないということになる。資本主義というのは基本的に貧富の格差を生んで公正な分配を実現できない社会なのであって、資本主義の枠内で実現される分配的正義は限定的なものでしかない。本当の分配の正義を実現するためには生産のあり方それ自体を変えなければいけない。

これがマルクスの提唱した「生産様式」概念の含意である。生産それ自体は狭義には生産→分配→交換→消費の一契機に過ぎないが、この全体的円環をも広義には生産といって、経済全体のあり方を生産に代表させるのは、生産という活動こそが経済の核心をなす決定因だからである。そしてそうした生産をマルクスは「生産様式」として、特定の歴史的条件で実現している生産のあり方だとした。これはマルクス以前の経済学者が明確にできなかった独創的な洞察である。これにより、マルクスが批判の対象とした俗流経済学者のように、生産のあり方を自然的な所与と見なす視野狭窄から解放されて、資本主義とは根本的に異なる経済のあり方を理論的に根拠付けることが可能になった。経済は狭義の生産のみより成るのではないが、何をどう作るかという作り方によってその基本性格が決定される。それだから経済は広義には生産概念として規定されるのであり、資本主義社会とは歴史的に特有な形式の生産がなされる一つの生産様式として、その本質が決まるのである。

これが三部構成である『資本論』の第一部＝第一巻が「資本の生産過程」である理由になる。資本主義それ自体は経済的な総過程として、生産のみならず流通や消費の過程も備えた総体であるが、その基本性格は流通という間接的な媒介過程を捨象した直接的な生産過程のあり方によって規定される。そしてこうした直接的生産過程を分析するのが『資本論』第一巻の役割なのである。

この意味で『資本論』は、第三部が流通過程という媒介を経た資本の総過程をあるがままの現象の水準で説明しようとしているのに対して、第一巻はこうした現象の本質を概念規定しようとした試みと見ることができる。三巻で説明されるのは資本の利潤だが、利潤という現象＝仮象の本質こそ第一巻で扱われる剰余価値なのである。

これに対し第二巻は媒介としての資本の流通過程が扱われる。こうして『資本論』は直接的な生産過程においていったん流通過程を捨象して資本の本質が何であるかを明確にした上で、今度は生産のアンチ・テーゼとしての流通過程を描き、最後にジン・テーゼとしての資本の総過程を明確にするという弁証法的構造をなしている。このため、たとえマルクスが存命してマルクス自身の手によって『資本論』が完成されていたとしても、全三部構想という基本構造は変化しなかっただろう。

そして以上のことから、『資本論』というのは最初に抽象的な原理を明確にした上で、こうした抽象的本質が具体的にどのように展開されるのかを説いた著作ということになる。マルクスがこうした方法を採用したのは、一般に「上向法」と呼ばれる方法論が理論的著作の展開にふさわしいと考えていたからである。

「上向法」という方法論

上向法というのは、抽象的原理にまで遡って事態の本源的な構成要素を明確にしてから、抽象的で基礎的な仕組みが具体的で複雑な現象にまで展開される様を明確にしようとする、科学的認識のための方法論である。

そしてこれは、我々が現実を見る見え方とは、実は逆向きの方向になる。

我々が先ず目にするのは複雑なあるがままな現実である。それは資本家が労働者を賃金で雇い入れて利潤をあげているという、昔も今も資本主義社会に生きる人々の心に常識として植え付けられているイメージである。そしてこの常識は、資本主義を研究する際の出発点となる観察された具体的事実である。研究とその結果としての理論はだから、順番が入れ替わる。研究の出発点となる具体的現象は、理論的な叙述にあっては先にではなくて後にくる。だから利潤を探求する箇所は『資本論』の第一巻ではなくて第三巻になる。第一巻は具体的事実をそのまま考究対象とするのではなく、具体的事実の核心を抽象して取り出し、具体的なものの根底にある本質である抽象的原理を、その最も基本的な単位から始めて展開していくという形になる。そのため『資本論』の直接的な課題である資本による利潤追求は、第一巻において利潤の本質としての剰余価値のあり方としてその本質が解明される。

そして労働者を搾取して剰余価値を蓄積することを存在理由とする資本主義社会の最も基本的な要素は何かというのが、『資本論』という壮大な理論体系の端緒となる。資本とは結局はこの基本要素により構成され、この基本要素が複雑化したものだというのが、『資本論』の基本観点になる。

ということは、『資本論』の第一章、しかもその劈頭の言葉には、『資本論』という著作の基本方針が表明されているということになる。こうしてようやく我々は、冒頭に掲げたマルクスの言葉に行き着いた。まさにこれこそが、『資本論』第一章「商品」の出だしの言葉だからである。そしてここまでの説明で既に、この言葉の意味を理解する準備は整っている。

あらゆるものを商品化する社会

資本主義的生産様式が支配する社会である資本主義は歴史的に特殊な一時代であり、歴史的に規定された生産様式の一つである。そのためこうした生産のあり方はそれ以外しかないという歴史の運命ではなく、それ以外のあり方が可能な歴史の一段階でしかない。そのような社会、残念ながら我々がまだなお住み続けている資本主義にあっては、富というのは「巨大な商品の集まり」として現れるというのである。

ここで富というのは文字通りに受け取ってよい。つまり、我々がこの言葉を普段使うように金銭的な豊かさだけではなく、豊かであること一般である。

豊かであることは単に金や物を沢山所有することではないはずである。愛や友情は本来買えるものではないが、豊かな生活の必須条件であろう。こうしたものは数多いはずだ。しかし資本主義ではこうした換金できないはずの富は基本的に無視され、そうしたものは金銭的な損得勘定の枠内に収まる限りで重視される。この社会は商品化可能なものは全て商品にしようとする衝動に駆られている。そのため富が巨大な商品の集積として現象するのである。この「巨大な」は、「とてつもない」とか「とんでもない」とも訳される言葉である。そして「とんでもない」には、「けしからん」とか「もってのほか」というような、否定的な価値判断も同時に含まれていると見るのが自然だ。つまり、資本主義とはとんでもなく巨大な商品の集積として現象するようなとんでもない社会であり、本来商品化できないし商品化すべきでないものでも商品化してしまうような酷い社会だというのが、『資本論』冒頭のこの短い一文に含意されているのである。

こうした認識は、マルクスが若い頃に専ら貨幣に対して行っていた批判の、認識を深化させた上での再現でもある。

マルクスは若き日の「ユダヤ人問題に寄せて」（1844年）や『経済学・哲学草稿』で、貨幣が人間性を疎外することを強調していたが、こうした初期著作では貨幣それ自体の経済学的本質を明確にすることができなかった。貨幣もまた人間によって作られるものである限りで労働生産物であり、労働の疎外が貨幣の否定的性格の源泉であるには違いないが、疎外から貨幣が生じるメカニズムはまだ分からなかった。

それが『ドイツ・イデオロギー』において疎外の原因が分業であることが明確になり、『資本論』では「分業は労働生産物を商品に変え、そしてそれによって商品の貨幣への転化を必然的にする」というように、分業によって商品に転じた労働生産物が、分業のなお一層の進展によって貨幣に転じるというメカニズムを発見することができたのである。

こうして貨幣とは商品であり、分業によって疎外された労働生産物である商品が貨幣に転じ、貨幣が資本に転じることによって、資本とは生産物がその生みの親である労働者を支配するという、『経済学・哲学草稿』において明確化された前提的認識を、確固とした経済学理論にまで高めることができたのである。

こうして『資本論』のマルクスによって資本とは資本となった商品であり、資本主義とはあらゆるものを商品化しようとするとてつもなく酷い社会だということが、冒頭においていきなり宣言されたのである。この意味で、この冒頭の言葉は議論の出発点であると共に終わりでもある。『資本論』というのは全てを商品化するとんでもない社会である資本主義を批判的に考察する理論体系であり、商品という細胞でできた怪物である資本を批判するための本である。そしてその目標は、商品化すべきでないものは決して商品化されることのないような社会の実現のために、敵の本性を知ることである。

なお、疎外の原因である分業は一般的な意味での分業ではなく、マルクス独自の特殊な意味である。またマルクスは『資本論』で確かに資本を怪物として描写している。これらの論点については『99％のためのマルクス入門』を参照されたい。

3

人間が宗教の中で彼自身の頭の作り物に支配されるように、資本主義的生産の中では彼自身の手の作り物に支配される。

『資本論』

敢えて草稿のままに止めた理由

先に強調したように『資本論』はマルクスの主著として、細心の注意を払って構成されている。全体が三部構成であること、抽象的な原理から議論を始めること等、体系的な著作としての体裁を保つように最大限努力されている。マルクスにあってそうした理論的著作を物すにあたって直接的な範となったのは、当然ヘーゲルだった。抽象から具体へ上向するという方法論と、初歩的で未発達な要素が複雑で高度な体系に展開していく有様を描いたヘーゲルとの類似は隠しようもない。こうした類似はまさにヘーゲルこそがマルクスに最も影響を与えた理論家であることの一つの現れであるが、しかしそのヘーゲルにあってマルクスにないのは、本論に先立って予め緒論や序論で著作の全体像を結論的に提示するという作法であった。

こうした作法はヘーゲルに限らず昔も今も浩瀚な著作ではごく普通になされる常識的な方法であり、その意味でマルクスは敢えて慣例を破っていた。このことは『資本論』に先立つ『経済学批判』及びその準備草稿で明らかである。

『経済学批判』はその「序文」(Vorwort)でマルクスの短い思想的自伝といわゆる「唯物史観の定式」が展開されている。そのためこの序文はマルクスの全著作の中でもとりわけ重視されてきたし、実際極めて重要なのだが、実は『経済学批判』には序文の他に「序説」(Einleitung)が存在する。そしてこの序説も序文に劣らず重要な内容が含まれている。先に述べた生産→分配

→交換→消費という経済の基本構造の話や上向法というマルクスの弁証法的な方法論は、この序説に出てくる。

このように重要な序説なのにもかかわらず、マルクスはこれを『経済学批判』という本に加えて印刷させずに、敢えて草稿のままに止めた。その理由は、これから知ろうという物事の核心を読者に予め知らせるのはよろしくないという、マルクスの独特な考えによる。

この本自体がそうなのだが、本を執筆している者の一人として、本でも論文でも結論を端的に誤解なく伝えることが重要で、そのためには予め結論を提示し、最後にまた結論を繰り返すというのが有益だし、読者にも優しいのではと考えるのだが、マルクスはそうは考えなかった。

マルクスによれば体系的な理論書の場合に予め要点を知らせるという形で読者に楽をさせることは、深い理解の妨げになるということらしい。そのため敢えて要約的な序論的文章は載せずに、長い本を諦めずに根気よく読了できた者にのみ、その本の神髄が伝わるような書き方をしているということのようだ。

この方針は『資本論』でも堅持され、『経済学批判』の序説に相当するような結論的な要約が含まれた緒論的文章を掲載することをよしとしなかったのである。

このマルクスの、確かに学問的には誠実かもしれないが、余りにも読者に不親切な方針によって、『資本論』というのは一見して近寄りがたい、難解な書物として世に迎えられるようになった。

結論がない、という誤解

大体『資本論』は第一巻だけでも浩瀚であり、その本来の読者であるはずの労働者には敷居が高いものである。それでも最初に全体の内容の要約が含まれていれば、労働者も迷うことなく学習できるだろう。だが敢えてそうした「安易な道」を絶ってしまっているので、日々の労働に疲れた労働者には、かなりの苦行を課すものとなっている。

こうした正直言って衒学的な過度の厳しさを貫いたため、『資本論』は労働者とは逆に読書のための余暇が十分にある研究者の探求心をくすぐるものとなっている。今や希少になってしまったが、かつては『資本論』を何とか理解しようとして大学院にまで進学し、そのまま「マルクス経済学者」として研究職に就いたという向きも少なくなかったのである。

確かに安易な理解を戒めるマルクスの方針によって『資本論』の研究は促進され深化された反面、こうした叙述方法によって、いらぬ誤解も促進されたという面もある。『資本論』においてマルクスは、この著作の主旨を端的に規定するような結論的な叙述を行っていないというような理解が代表例である。『資本論』は結論がない若しくは結論が明確ではない著作であるとの誤解である。

確かに『資本論』には緒論もなければ結論と明記された章もない。しかし実はマルクスは、要所要所で『資本論』の基本的な視座となるようなテーゼ的文言を繰り返しているし、『資本論』の少なくとも第一巻の結論と見なせる文章も明確に存在する。

特に問題なのは、『資本論』の長大な叙述の中で、この本の前提的な視座となるようなテーゼがそれとしては明示されていないことである。このため読者は時として、この本は要するに一言で何を言いたいのかが分からずに混乱してしまう。

この点で、『資本論』に並び称される経済学の古典であるアダム・スミスの『国富論』は対照的である。

『国富論』は『資本論』並みに有名だが、これを実際に通読したという読者は『資本論』以上に少ないだろう。しかし『国富論』は『資本論』と異なり、全く読んだことのない読者にもどういう主旨の本なのかは、広く知られている。それはこの本の中には「神の見えざる手」（実際は神の語ははなく単に見えざる手とだけ表記されている）というキャッチフレーズや、我々が肉を食べられるのは客に肉を食べさせたいという肉屋の利他的な博愛心ではなく、肉を売って儲けたいという利己心のためだというような教訓話のように、広く知られたテーゼ的な文章が存在するからである。こうしたキャッチフレーズや教訓話があるため、スミスが市場の自動調節機構によって利己的動機に基づく商業活動こそが実は社会全体の幸福を増大させるというような、今日の資本主義擁護イデオロギーの定番を確立したということが、実際に『国富論』を読んでいない読者にも広く伝わっている。もっともスミスは、利己的商業活動の合理性を説くと共に、『道徳感情論』ではシンパシーの重要性を強調していたので、スミスの求める理想社会が優勝劣敗の競争至上社会だというのは後の時代の新自由主義者による曲解ではある。

ともあれ、こうしたことは『資本論』では全く言えないことである。『資本論』を読んでいない多くの人々は、この本はただ資本主義を批判した本らしいという漠然とした印象しかなく、実際にここに何が書かれているかというイメージを持ちようがない。それは『国富論』のように、著作全体の主旨を端的に表せるようなキャッチーなフレーズが世間一般には全く伝わっていないからである。ではそういうフレーズが『資本論』にないのかといったら、実はちゃんと存在する。

それが冒頭に掲げた、「人間が宗教の中で彼自身の頭の作り物に支配されるように、資本主義的生産の中では彼自身の手の作り物に支配される」という言葉である。

唯物論者の基本認識

この言葉だが、一読して難解なところはなく、その言わんとしていることは明瞭だろう。

先ず前段で人間が宗教にあっては自分自身の作り出した神や霊といった超越者の観念によって支配されると言っている。ここにはマルクスの基本的な宗教観が表明されている。つまりマルクスは神や霊などの宗教での信仰対象は実在するものではなく、人間が自らの精神活動によって生み出した幻影だと考えている。これはマルクスが唯物論者であるところからくる当然の帰結で、この点ではマルクスに限らない唯物論者の基本認識を言い表しているに過ぎない。

これに対してそうした空想によって自分自身が縛られてしまうというところは唯物論者の共通認識とは言えず、それなりに独自な見解である。ただしこれもマルクスの独創ではなく、ルートヴィッヒ・フォイエルバッハの宗教論を踏襲したものである。

フォイエルバッハは若き日のマルクス自身が同じ思想的傾向を有していた、いわゆる「ヘーゲル左派」の代表的哲学者で、ヘーゲル哲学の核心をその宗教思想に見て、ヘーゲル批判と宗教批判をリンクさせる形で唯物論に基づくヒューマニズム哲学を展開し、当時のドイツ哲学に大きな影響を与えた。

本書はマルクスの思想形成史に関する専門研究書ではないので、マルクスに対するフォイエルバッハの細かい思想的影響関係については割愛したい。ただ、以前は定説化されていたが、多くの反論が寄せられたことによって今は疑問視されることが多いものの、それでも通俗的なマルクス解説書などでは採用され続けている伝統的解釈については、少しだけ注意を促しておきたい。

それはマルクスがヘーゲル主義者になった後にフォイエルバッハ主義者になり、その後フォイエルバッハ主義を捨てて独自の思想的立場を得たという解釈である。

この解釈のおかしさは、まさに今、問題にしている文章が『資本論』のものだということからも分かるだろう。なぜなら問題の文章は明らかに前段の認識を前提にして、後段の結論を導くものだからであり、前段の認識はフォイエルバッハそのものだからである。もしマルクスがフォイエルバッハ主義を捨てたのならば、『資本論』で明らかにフォイエルバッハを彷彿とさせる文章を書くのはおかしい。

では逆に『資本論』のマルクスもまたフォイエルバッハ主義者だったのかといえば、これもまた違う。

フォイエルバッハは人間が自らにふさわしい自己実現ができない原因を人間自身の自己疎外に見た。この観点は正しく、まさに『資本論』のマルクスのものでもある。しかしフォイエルバッハは自己疎外において、宗教の持つ意味を余りにも重く与えてしまった。このことは、フォイエルバッハという哲学者がどういう人物であったかを見ると分かり易い。

フォイエルバッハの父アンゼルム・フォイエルバッハは「罪刑法定主義」の提唱によって「刑法学の父」と称えられる法学の巨星であり、そのためかフォイエルバッハ自身も法学への一定の理解と関心が見られ、法に対する言及は著作中にも散見される。しかし彼の中心的な関心は終始一貫宗教だった。フォイエルバッハは多作であったが、その主著は『キリスト教の本質』（1841年）、『宗教の本質講義』（1851年）、『神統記』（1857年）と、何れも宗教を主題にしたものだった。このことは、フォイエルバッハが法に一定の興味関心を持ちながらも、法及び法に体現される社会問題を中心的に探求し、『資本論』のような政治経済学書を物そうという意欲を持たなかったことを意味している。

これは単にフォイエルバッハの能力不足ではなくて、フォイエルバッハは宗教こそが人間にとって最も重要な問題だという前提を持ち続けていたからである。フォイエルバッハからすれば、人間の自己疎外の究極原因は誤った宗教信仰のあり方である。これを正すには何よりも宗教の本質を知る必要があると一貫して考え続けた結果が、彼の著作活動の傾向となって表れているのである。

これに対してマルクスはフォイエルバッハと対照的である。人間の自己疎外の原因は宗教ではなくて法や政治、そして何よりも経済という社会問題にあると考えた。これはマルクスがその若き日から一貫して持っていた基本的な大前提である。それだからマルクスはフォイエルバッハの著作を本格的に研究し始めた当初から、フォイエルバッハは宗教に言及するばかりで社会問題について語ることが少ないと冷静に相対化しながら、これを受け止めていたのである。

宗教から政治経済へ

この冷静な受け止め方は、その若き日にマルクスが「フォイエルバッハ主義者」だったという伝統的解釈の誤謬を示すものであると共に、マルクスがフォイエルバッハとは元から思想のベクトルが異なっていることを意味する。フォイエルバッハにとっては宗教こそが終始一貫して最重要問題なのに対して、マルクスにとってはフォイエルバッハが軽視した政治や経済の問題こそがその若き日から最後まで、探求の中心なのである。

このことは、マルクスのフォイエルバッハ受容が、主義者になるまでの熱狂から離脱というようなものではなく、生涯一貫して是々非々で冷静に受け止め、その生かせるところは生かすというような批判的受容であったことを示唆する。そしてまさに今我々が問題にしている一文こそが、マルクスによるフォイエルバッハの批判的受容を明確に示す代表例なのである。「人間が宗教の中で彼自身の頭の作り物に支配される」という認識はフォイエルバッハのものであり、この限りでマルクスはフォイエルバッハを受け入れている。だからここだけならばマルクスは確かにフォイエルバッハ主義者である。しかし「自身の手の作り物に支配される」という観点はフォイエルバッハにはない。フォイエルバッハは専ら観念による人間の自己呪縛を説いたのであって、労働生産物による労働者の自己呪縛は説かなかった。それを説得的に説くためにはまさにマルクスがやったように経済への本格的な理論的探究が必要である。だからマルクスは『経済学・哲学草稿』から『資本論』まで、一貫して経済学研究に腐心し続けたのだ。

そして実は、マルクスのこのフォイエルバッハの批判的受容は、マルクスがその若き日の著作で高らかに宣言したことを、そのままやり続けた結果なのである。

価値中立的な経済学では有り得ない

マルクスは若き日の「ヘーゲル法哲学批判序説」（1844年）の冒頭で、ドイツにおいて宗教の批判は既になされており、そして宗教の批判はあらゆる批判の前提だと宣言した。

これはつまり、宗教とはフォイエルバッハの言うように人間が自らの作り出したものに支配されることであり、宗教をこうした自己の産物による自己呪縛だと捉えたフォイエルバッハの観点こそが、あらゆる批判の前提だということである。ということは当然、『資本論』の対象である資本主義経済への批判も、人間自身の産物による自己呪縛への批判ということになる。そしてそれは実際にそうなのである。まさに資本主義とはフォイエルバッハが明らかにしたように、宗教において人間が頭の作り物に支配されるのと同じ仕方で、しかしフォイエルバッハが見ることのなかった経済の次元でも人間の手の作り物、つまり労働生産物が作り手である人間自身を支配するような社会だということである。

ということは、この「人間が宗教の中で彼自身の頭の作り物に支配されるように、資本主義的生産の中では彼自身の手の作り物に支配される」という言葉は、『資本論』とは一体何のための本なのかを端的に指し示すテーゼということになる。『資本論』とは人間が自身の手の作り物に支配される社会である資本主義を解明するための本だということだ。そしてこうした本である『資本論』は、単に「価値中立的な経済学」の本では有り得ないということになる。なぜなら資本主義とは人間が自身の手の作り物に支配される明らかに不正な社会だからだ。だからマルクスはこの不正な社会を変革するために『資本論』を著述したのである。敵を倒すには敵を知らなければならない。

そしてこの言葉により、マルクスが目指す望ましい社会がどのようなものかも、完全に明確になる。それはまさに資本主義の逆であり、人間が自身の産物によって支配されない社会であり、人間が自分自身の力をしっかりと我がものとして、未来を切り拓いて行ける社会である。

『資本論』の核心にもあった疎外論

人間が自らの作り出したものをしっかりと我がものとすることができずに、自らの活動と産物から疎遠になり、疎遠になったものによって逆に支配されてしまう。これはマルクスがその若き日の諸著作、とりわけ『経済学・哲学草稿』で展開した労働疎外論そのものである。つまり『資本論』の核心も、彼の若き日の諸著作同様に疎外論なのである。

勿論『資本論』のマルクスはその経済認識の深度において『経済学・哲学草稿』と比べるべくもない。『経済学・哲学草稿』にはまだ体系的な経済学理論はない。しかし対象である資本主義経済の本質を捉える視座は変わっていない。経済学研究を始めたばかりの若いマルクスも、『資本論』の著者となった成熟したマルクスも、その社会において労働が疎外されることに問

題の核心を見ていたのである

ということは、まさにここで紹介した言葉こそがスミスの「神の手」のように、『資本論』の神髄を示す言葉として江湖に広められるにふさわしいということになる。しかし実際にはこの言葉は神の手とは異なり、世間一般は勿論マルクス主義思潮の中でも広められることはなかったし、研究者に注目されることも殆どなかったのである。

ではそんな言葉を重要なテーゼ視するここでの解釈は、マルクス本人の意図を無視した勝手な拡大解釈かといえば、決してそんなことはないのである。

先ずこの言葉の書かれている位置が、マルクスがこの言葉を重要なテーゼとして記したことを示唆する。

この言葉は『資本論』第一巻第23章「資本主義的蓄積の一般的法則」の第一節「資本構成不変な場合の蓄積に伴う労働力需要の増大」の最後に出てくる。先述のようにマルクスは明確な形でテーゼを打ち出すことを禁欲するが、ここは資本主義の基本的な法則を論じた章での節の終わりである。こういう場所で記された内容のある理論的言明は、著者にそう知らせる意図はなくとも、読者に重要な文言として伝わるものである。

そしてここでマルクスは、この言葉自体は自分の独創ではなく、フォン・チューネンが『孤立国』（1826年）の中で同様な表現を用いていたことを引用提示し、しかし「疑問を出したことはチューネンの功績であるが、彼の回答は全く幼稚なものだ」と腐している。

『孤立国』は主として農業を題材として展開された数理経済学の初発的な試みとして名高く、ヨハン・ハインリッヒフォン・チューネンは現在では経済地理学の創始者として称えられている巨匠だが、マルクスはこうしたフォン・チューネンを引用して批判することを通してこの言葉を根拠付けようとしている。特に深い意味もなくさらっと書いた言葉なら、わざわざ引用提示して批判をするまでもない。マルクスは明らかにこの言葉をテーゼとして、資本主義の本質を端的に示す言葉として提示したのである。

このことは後のマルクス解釈者には殆ど意識されなかったが、既に同時代人の中に、はっきりとこれを意識していた慧眼の持ち主もいた。それはアーノルト・ルーゲである。

転倒した社会を再転倒させる

ルーゲは代表的なヘーゲル左派の一人で、若き日のマルクスの代表的労作である「ユダヤ人問題に寄せて」と「ヘーゲル法哲学批判序説」を掲載した『独仏年誌』出版を巡って共闘した同志だったが、その後のマルクスの思想発展と共に袂を分かったマルクスの旧友である。

このルーゲはある手紙の中で『資本論』に触れて、今我々が問題にしている一文を次に検討する「個人的所有」の文章と共に引用した上で、『資本論』は「画期的な労作」であり、マルクス自身も「幅広い学識とすばらしい弁証法的才能を持っている」と褒めちぎっている。これに対してマルクスはどう反応したかだが、マルクスはたとえ自分が褒められていたとしても、その褒め方が不適切ならば一言せずにはいられないような性格である。もし、ルーゲがこの浩瀚な著書の中から敢えてこのテーゼを引用提示したことが不適切なら、必ず苦言を呈するはずだ。ところがマルクスはそのような批判をせずに、この手紙をわざわざ友人に回覧させて、「ルーゲは明らかに〝否定の否定〟に抵抗しきれなかったようですね」とご満悦だったのである。

つまりマルクスはルーゲの着眼を褒めている。これはつまり、この文章についてマルクスはルーゲがそうしたように、『資本論』中の重要なテーゼだと受け取られることを期待していたということである。

実際この文章が『資本論』の核心的な内容を端的に示していることは、この文章に先行する一文からも明らかである。そこには資本主義とは労働者が「現存価値の増殖のために存在」するのであって、その逆に「対象的富が労働者の発達欲求のために存在」するのではないような生産様式だとされているからだ。

マルクスが求めているのは、労働者が自らの生産物によって自らを高めることである。生産物はどこまでも手段であり、目的は人間性の開花である。そのためには、人間は常に自らの産物を支配しコントロールし続けられなければならず、その逆であってはならない。ところが資本主義という生産様式は、まさにその逆を本質とするというのだ。

資本とは自己増殖する価値であり、自己増殖のために自らの創造主である労働者を逆に手段にしてどこまでも自己を増大させようとする怪物的存在である。ここで起きているのはまさに宗教と同じことだとマルクスは言うわけだ。

宗教もその起源は人間自身であり、人間の生み出した観念である神のような超越者に跪拝することによって、自らの産物に支配されるという転倒が起きている。フォイエルバッハはこの転倒を指摘したことで、批判の模範的な方法論を教示した。しかしフォイエルバッハは宗教における観念上の転倒を正倒させることによって、社会それ自体を正すことができると短絡した。しかし残念ながらそうはならず、手の作り物である資本による支配は、資本それ自体を産み出さないような経済秩序に、社会の仕組みそれ自体を変えなければ解決できない。

そうした転倒した社会を再転倒させるためには、先ず何よりもその転倒した社会の実相を細かく知らないといけない。これが『資本論』の目的である。しかし、知ることそれ自体が最終目的なのではない。知った知識を武器に、実際に社会を変えることこそが本当の目的である。

ではなぜ変えなければいけないのか。それはこの社会が、自らの産物によって支配される転倒した社会だからだ。この転倒を正さなければ、人間は自らにふさわしい存在になれない。人間が自らの力で運命を切り拓き、各人が自分にふさわしい自己実現ができるようになるためには、自らの手の作り物による支配から脱して、自らの手の作り物が各人の自己実現の手段にできるような社会にならなければならない。これが『資本論』に示された目標である。

こうしてここに掲げた「人間が宗教の中で彼自身の頭の作り物に支配されるように、資本主義的生産の中では彼自身の手の作り物に支配される」という一文は、これこそが『資本論』の真髄を示したマルクスの基本テーゼである。そしてそうであることは、マルクス自身も暗に認めていた。しかし安易な読解を必要以上に戒めるマルクスによって、この事実は分かり難くされた。

しかし我々はマルクスの信徒ではなく、マルクスを現代に生かそうとする者である。『資本論』を一言で言い表されることにはマルクスは同意しないだろうが、『国富論』がそうであるように、偉大な書物の真髄を江湖に誤解なく伝えるためには、適切なテーゼを抜き出して宣伝することは重要である。『資本論』とはまさに一言でいえば、人間が宗教の中で自身の頭の作り物に支配されるように、自身の手の作り物に支配される資本主義を批判した本なのである。

4

資本主義的生産は、一つの自然史的な必然性を持って、それ自身の否定を生み出す。それは否定の否定である。これは私的所有を再建しはしないが、恐らくしかし、資本主義時代の成果の基礎の上に個人的所有を再建する。

『資本論』

「個人的所有の再建」の解釈

『資本論』は浩瀚なマルクスの主著であるが、この手の著作では通例、著作全体の内容を要約した緒論や、さらに丁寧な場合は目次に節ごとの要約を付したりして読者の便宜を考慮したりする。だがマルクスは敢えてそうした読者サービスを行わなかった。これは読者に安易な理解で甘んじることを戒めるという、マルクスなりの誠実さの現れだった。しかしこの禁欲の結果として、この本が要は何について述べているのかという、そのものずばりの核心をそれと分かる形で明示しないことに結び付いた。そのため『資本論』はマルクス自身の意図に反して多くの読者に近づき難いものになってしまった。

これに対してアダム・スミスの『国富論』は、「見えざる手」のような著作の核心をズバリと示すようなフレーズが人口に膾炙されていて、著作の内容は細かく知られていなくても、その基本精神は広く知られている。『資本論』には人口に膾炙されたフレーズはないが、実はただ一言でその核心を伝える言葉は存在した。それがまさに先ほど検討した「手の作り物に支配される」という一文だった。

この言葉の重要性は僅かな研究者にしか認知されていないが、ルーゲのような慧眼の同時代人にはその重要性が既に理解されていた。そのルーゲがマルクスの「素晴らしい弁証法」的才能を示すものと称えたのが、『資本論』の結論たる「個人的所有の再建」論だった。

しかしこの個人的所有の再建が『資本論』の結論だというのは別にルーゲの洞察ではなく、通常の読書によって普通に気付くことである。その意味では、この言葉が『資本論』の結論だというのは、常識とまでは言えないものの、多くの『資本論』読者の共通認識になっていると言ってよい。

ただ問題は、この結論が正確には何を意味しているのかがはっきりとせず、解釈が大きく分かれてしまって、今に至るも定説を形成するに至ってないということにある。

それにしても、これは余りにも異常な事態ではないだろうか。『資本論』は自他共に認めるマルクスの主著であり、後世に与えた影響力という点でいえば、その出現は人類史的な出来事と言っていい経済学上の最重要著作の一つである。そんな重大な名著なのにもかかわらず、その結論の内容がはっきりとせず、解釈上の定説が形成されていないということは。

この点ではヘーゲルの『精神現象学』(1807年)も似たような事情にある。しかし『資本論』は『精神現象学』のような晦渋な文体で書かれているのではなく、取りあえず言わんとする内容を理解することは難しくはない。だが問題の言葉は文章が難しいのではなく、理論内容が多義的なために、正解に辿り着けないのである。

とはいえ、やはり『資本論』はマルクスの主著であり、個人的所有論は『資本論』の結論である。従って論理的には個人的所有論が分からなければマルクスを理解することができないということにもなってしまう。

実際のところはマルクスの理論的真髄は人間が手の作り物に支配されることを批判する疎外論であり、個人的所有論が正確に理解できなくてもマルクスの理論的核心を見誤ることはない。そうは言っても結論は結論であり、これを理解するに越したことはない。定説的な解釈はなく、私の解釈も一つの問題提起に留まるが、やはりマルクスを解説する著作には必ずこの個人的所有論への言及は含まれるべきである。

進化論と社会認識の関係

ではこの言葉だが、最初にマルクスは、資本主義は「自然史的な必然性」をもって自己の否定を産み出すと言っている。この「自然史的な必然性」ということで、マルクスは何を意図しようとしたのだろうか?

「自然史」というのは文字通り自然の歴史で、ここでは自然が独自の歴史を持つ形で変化していくという考えが表明されている。今日の我々からすれば当たり前の常識だが、マルクスの時代ではまだまだ聖書的な世界観の影響が強く、自然は不変で変化しないものだという観点が有力だった。特に「自然」に無機的自然だけではなく生物も含めると、自然史というのは生命の進化史ということになり、ここには進化論が前提されることにもなる。

実はダーウィンとマルクスは完全な同時代人で、『種の起源』は1859年に出ている。これは『経済学批判』と同年である。ダーウィンはマルクスを読むことはなかったが、マルクスはダーウィンの熱心な読者であり、神による創造を否定する進化論的観点に、唯物論者として同意していた。つまりここには明らかに、ダーウィン及び進化論生物学からの影響がある。

進化論と「神による創造」を比べれば、間違いなく進化論が科学的であり、進化論は世界を認識する際の基本的な前提として、マルクスに限らず誰もが採用すべき基本視座である。しかし問題はここでマルクスが、進化論的観点を人間社会に適用している点にある。そしてこれは、ダーウィン自身は慎重に避けた論点でもある。

進化論と社会認識の関係だが、社会は人間によって構成され営まれるのであり、人間は他の動物とは異なる文化的存在である前にやはり人間という動物である。それだから社会諸現象を考察する際に生物学的要素を考慮しないのは不適切な方法論で、人間の思考や行動に生物学的根拠を見出して、人間を文化的存在であると共に生物であるというように多角的に捉えるべきである。このような方法論の提示という意味で、進化論と社会を関連させるのは適切である。実際に現在の社会科学の主流はこうしたものになっていると考えられる。

ここでマルクスが「自然史的な必然性」という際に、歴史というのは個々人の意志や思考、そして挙動とは別に、独自の論理でもって展開していくという基本前提を確認していることは間違いないだろう。これはマルクスがダーウィンを知る前から思考の前提にしていた唯物史観の基本観点である。すなわち、若き日の『ドイツ・イデオロギー』で、ドイツ・イデオローグのように人々の意識が人々の性格を決めるのではなくて、人々がその都度の生産力段階に制約される形でそうせざるを得ない生活のあり方が、そうした人々の意識を決めるという考えを改めて表明したと見ることはできる。

こうした唯物史観の基本観点についてマルクスは、『ドイツ・イデオロギー』のすぐ後に出した彼の最初の単著である『哲学の貧困』で、「手回し挽臼は封建領主と共にある社会をもたらし、蒸気挽臼は諸君に産業資本家と共にある社会をもたらすだろう」という有名な言葉で定式化した。

この言葉は一般に生産力が生産関係を規定するという唯物史観の基本観点の、マルクスの初期著作における定式化として理解されている。だが重要な理論の初発段階での明確化がどうしてもそうなりがちなように、この言葉も文脈を無視してそれだけ取り出すと、酷く一面的な見方を表明しているだけに見える。つまりこれは余りにも単純な技術決定論ではないかと。

こうした反感に対しては、マルクスは常に技術以外の要素の重要性や、人々の社会意識であるイデオロギー的な上部構造の経済的土台への反作用を強調していたという定番的反論が先ずは適用される。だがこうした定番的議論よりも、技術の決定的重要性を説く歴史観のほうが、そうではない歴史叙述よりもはるかに合理的な説明原理を提供しているという論点こそが重要ではないか。

技術発展が社会体制自体をも変える

唯物史観批判者は元より、どのような歴史観の持ち主でも、封建領主の支配する世と産業資本家が支配する時代は根本構造の次元で異なる二つの社会のあり方だというのは認めるだろう。認めるとしたら人間社会は可変的であり、そのあり方は歴史の推移により大きく変化するという事実は疑えないということになる。この場合、何がそうした大きな変化をもたらす原動力になるのかというのは、ごく自然で真っ当な問題意識ということになるはずではないか。こうしたもっともな疑問に一つの回答を与えるのが、唯物史観の根底にある技術の重要性を強調する見方になる。

しかしこの技術重視の考えが、何でも技術で決まるという単純な「技術決定論」ではないのは、理論それ自体から明らかである。もし手挽臼が封建制をもたらすならば、自らの世を永続化したい封建領主は、その社会に適合した手作業をも永続化しようとするはずだからだ。実際、奴隷制社会では資本主義よりも労働力の入手が容易なので、人件費を抑えるために技術改良をするという動機は促進されず、豊富な奴隷の手により技術発展の芽は摘まれていた。つまり技術は社会体制を決める要素であるだけでなく、社会体制の側も技術のあり方を規定する要素として反作用するのである。しかし少ない労力で多くの成果を得たいというのは人間の普遍的な願望であり、生産力を高める技術の工夫と発明を押し止めることは不可能である。そのため実際に多くの技術的改良が連綿と続き、そうした技術発展が社会体制それ自体をも変える原動力になった。この意味で、唯物史観の歴史説明原理としての合理性は明確で、むしろこれを批判する側にこれ以上の合理的な説明が求められる。しかし卑見では、唯物史観批判者から出されるのは概して、一層合理的な説明原理ではなく、単なる説明の放棄でしかない。結果として唯物史観に対置されるのは、単なる編年紀や英雄史観の類だったりする。

マルクスを批判するのは自由だが、マルクス以前に逆戻りでは話にならない。だがこうした話にならない歴史談議が、巷には溢れている。

ともあれ、以上のように唯物史観は進化論との類似を感じさせるが、しかしその類似は表面的であり、本質的ではない。

進化論では生物が生き残るためにまさに生物としての身体構造それ自体を変化させてきたとする。部分的な技術的進化は動物の間にも見られるというのが今日の科学では分かってきたものの、生き残る以上の利便性を求めて技術を継続的に発展させ続けるのは人間だけの特質だし、そうした技術進化は人間の生物的身体としての特徴に何の変化ももたらしていない。千年前の人々と我々は全く違った技術世界に生きていて、そのために社会のあり方も決定的に異なっている。しかし千年前の祖先も我々も肉体的な変化は殆どなく、生物としては同じままである。

つまり唯物史観と進化論との類似は表面的な次元のものであり、マルクスのダーウィンへの共感も生物世界も不変でないように経済世界も不変ではないという思考の類似性に対するシンパシー程度のものだったと考えられる。そしてこうした表面的な次元では確かに、我々は何事も不変では有り得ないという意味で、進化論へのシンパシーを保つことは重要だろう。

しかし進化論を社会理論の中にこれ以上に導入する場合は注意が必要である。表面的な類似以上に、社会認識においてもっと強い意味を進化論に読み込んでしまうと、逆に全く不適切な方法論に転化してしまうからだ。

進化論を社会に導入する際の注意点

ダーウィン進化論では低次から高次なものへの発展は結果論であり、生物進化は低次から高次への発展が宿命づけられた目的論的な過程と位置付けられていない。ところが進化論が社会理論に適用されると往々にして、目的論的な社会発展の究極根拠にされ易い。

実際これはハーバート・スペンサーによる「社会進化論」の提唱で実行されたことである。そして生物進化と社会進化を直結させる議論は、スペンサーをはじめとする初期の提唱者の意図とは裏腹に、「進んだ社会」と「遅れた社会」の差別を正当化し、社会の遅れを劣った人種の人々によって組織されているからだとして、人種差別を正当化する論理に悪用されてしまった。

こうして進化論を社会に導入するには、大きな注意が必要である。唯物史観それ自体は目的論ではないが、その根底には人間は技術的な合理性の追求と向上を求めるものだという、広い意味では目的論的な思考が前提されている。この点でもマルクス主義に進化論を導入するのは慎重になる必要がある。技術的な進歩を差別の論拠にしてはいけない。

とはいえ、人間は確かに他の動物とは異なるが、なお動物であることには違いない。それなので、生物学的な知見を社会の説明にも反映させることは重要である。この点でこれまでの社会諸科学は、かつての社会進化論の巨大な負の遺産のために、生物学を理論に内在させることはタブーになっていた。しかし今日では社会認識に進化論を導入するのはむしろ基本的な前提になっている。

マルクスを解釈するだけなら、そこに生物学の知見を無理やりはめ込む必要はないが、マルクスの理論を現代的なマルクス主義にまで発展させるという文脈ならば、生物学での最新の認識を大幅に導入しつつある他の社会理論の後れを取ることなく、あくまで批判的な態度を堅持しつつも、生物学の知見を取り込んでいくことは必要だろう。その具体的なあり方はマルクス自身の入門書である本書の範囲を超えるが、問題提起だけはしておきたい。

「否定の否定」は何を意味するか？

こうして「自然史的な必然性」という言葉に生物学的な決定論のような含みを読み込むこと

を注意して避けつつも、ここでマルクスが個人の力を超えた一つの大きな歴史のうねりのようなものとして資本主義が自らを否定せざるを得ないことを言っていると理解したい。それが「否定の否定」なのだという。つまり資本主義の否定によってもたらされるのは、資本主義がかつて否定した契機の再肯定だということである。では何が再び肯定されるのか?

資本主義が生み出される有様を説明したのが『資本論』の原始的蓄積論の章で、ここで暴力的に近代プロレタリア階級が生み出されていく過程が生々しく描写されている。その中でマルクスは、資本主義の前提である賃労働者としてのプロレタリアを産み出す主要契機となったエンクロージャー（土地の囲い込み）によって土地を奪われ没落することになる小規模自作農民が、資本主義成立直前までに分散する形で多数存在していたと述べている。こうした小規模自作農について マルクスは、「社会的生産と労働者自身の自由な個性の発展にとっての必然的な一条件である」と積極的に評価している。

自作農民は自らの土地を持ち、自らが耕した成果を自らの果実として得ることができる。これに対して資本主義では労働生産物は労働者から疎外されて労働者が我がものとすることができない。つまり、自作農の労働はその労働過程だけを見る限りは疎外されておらず、自己実現的な望ましい労働のあり方である。そうはいうものの、実際には自作農はその属する共同体の掟に縛られ、生産物の全てを自らの物とすることはできず、年貢や税金という形で支配者に一定部分を吸い取られる。とはいえ、そういう社会的文脈を捨象すれば、自らが生産手段を所有しつつも、資本家のように誰かを使役して搾取することなく、またその労働過程も資本主義のように上から監督されてコントロールされることなく、自らのやりたいように労働を行うことができる。この意味では自作農は確かに、疎外されない労働のあり方に一つのモデルを提供する。

この場合、自作農労働に基本的な性格を与えるのが、農民自身が土地と生産手段を私的所有できていることである。しかしこのことは、自作農労働がそのままでは資本主義後の望ましい労働にならないことを意味する。なぜなら生産手段の私的所有を認めれば必ず資本主義的な生産関係に帰結するため、社会主義では生産手段の私的所有が禁じられるからである。そのため、資本主義までの前史に存在していたような、土地と生産用具の私的所有を前提にした普通の意味での自作農は資本主義後には存在できないのである。

そのため、今我々が問題にしているマルクスの言葉の後には、「協同（Kooperation）と土地と労働それ自身によって生産される生産手段の共同占有（Gemeinbesitz）の基礎の上に、個人的所有を復元（再建）する」という言葉が続く。つまり、社会主義での基本的な労働のあり方として想定されているのは自作農のような個人的な労働ではなく、労働者が連帯して共同で行うような集団労働であり、そうした共同労働によって作り出される生産手段は私的に所有されるのではなく共同で占有されるとされるからである。

しかしそうした共同労働の目的は、私的所有に基づく自作農労働に中で萌芽的に実現していた労働者自身の自由な個性の発展を全社会的に実現することにある。失われた小規模自作農をかつてとは違った形で高次元に復元するということだ。従って再建＝復元される「個人的所有」とは、実は私的所有である。しかし、私的所有が原理的に否定された社会主義では、私的所有が制度的に復活させられることはない。ここで復元される私的所有とは、私的所有権に裏打ちされて労働者が資本主義以上に多くを所有できるという意味ではない。そうではなくて、労働者が自らの労働生産物を疎外されずに自らのものとして獲得できるという意味での私的所有である。つまり私的所有であって私的所有ではない。こうした私的所有ならざる私的所有を表現するためマルクスは、プライベートではないインデビデュアルな所有としての「個人的所有」という特異な表現を用いたのである。

マルクス自身には明白だった概念

こうしてマルクスによって提起された非常に分かり難い『資本論』の結論が明確になった。それは資本主義での疎外された労働が克服され、あたかも小規模自作農が自らの産物を我がものとできるように、共同した労働者の労働が疎外されずに、各人の労働生産物を我がものとして獲得できる個人的所有を実現できることが社会主義の目標だということである。

こうした個人的所有論はマルクス自身には自明だったようで、『フランスにおける内乱』

（1871年）で『資本論』同様に、革命を「収奪者の収奪」だとして、それをやはり『資本論』と同じく「今は主に労働の奴隷化と搾取の手段である生産手段、土地と資本を、自由でアソシエートした労働の単なる道具（instruments=諸手段）に変えて行くことによって、個人的所有を一つの真実」にすることだとした。つまり「個人的所有」という、今もマルクス存命当時も全く馴染みのない奇怪な表現はしかし、これを用いたマルクス当人にとっては当たり前のように説明もなしにキーワードとして扱われているわけだ。

しかしこの概念が説明なしで誰でも分かるというのは真実に程遠いというのは、マルクス存命当時から今に至るまで、この概念に対する数多の解釈が与えられ続けてきたことからも明らかである。特に問題なのは、エンゲルスがこの概念に与えた解釈である。エンゲルスはこの概念の曖昧模糊さを揶揄したデューリングに対して『反デューリング論』（1878年）で、ここには曖昧さは微塵もなく、ドイツ語の分かる者なら誰でも個人的所有とは生産物すなわち消費対象の所有のことと分かると挑発的に反論したのである。

このエンゲルスの解釈以来、個人的所有とは消費手段の所有だというのが有力説として採用されるようになった。しかしこの消費手段説が有力であっても定説化しなかったのは、引用で明らかなように、この個人的所有が社会主義的生産様式のあり方を説く文脈で用いられ、ましてや革命の目的であるかのように描写されているからである。

革命の目的なのだから、明らかに焦点になるのは消費手段ではなく、生産様式の性格を決める生産手段のはずである。従ってマルクスの文言だけからすれば消費手段ではなく生産手段だと考えるのが妥当である。このため、前提としてマルクスとエンゲルスは一体であるという伝統的立場にあるような人々でも、この個人的所有の解釈に関しては、エンゲルスの誤謬を説くことが多かったのである。

疎外されない所有のあり方

では改めてエンゲルスの解釈だが、その是非の前に、実はそもそもこれまでの受け止められ方自体に問題があった。エンゲルス説は当然のように「消費手段説」と受け止められてきたが、エンゲルス自身は専ら消費手段の所有だと明言していないのである。エンゲルスが言ったのは消費手段ではなく生産物であり、その生産物が消費対象だということである。つまりエンゲルスは生産物の所有が「個人的所有」だと言っているのだが、彼はその生産物を直ちに消費対象としていたということである。実はここに大きな謎がある。

労働生産物は何も消費対象に限られず、生産手段もまた労働生産物に違いない。それなのになぜエンゲルスが生産物を消費手段のみにしたのか。これが分からない。しかしこれは明らかにエンゲルスの誤解であり、生産物と消費対象はイコールではないのである。そしておかしなことに、このエンゲルスの不正確な解釈は、全くの誤りではなく、真理の半分を含んでいる。

つまりマルクスの言う個人的所有とは、確かに生産物の所有には違いないのである。しかしそれは文字通りに生産物総体であって、当然所有される生産物の中には消費手段のみならず生産手段も入っている。だからマルクスの言う個人的所有とは、その本質的な意味としては、彼がその若き日から一貫して追求していた疎外された労働生産物を、生産物の作り手である労働者が我がものとして獲得することを、より具体的に小規模自作農のイメージを重ねる形で改めて形象化してみた試みということになる。

その上で、それが疎外されるか疎外されずに獲得できるかで社会全体の生産様式を規定する生産物は消費手段ではなく生産手段としての生産物である。この意味で個人的所有を生産手段と見てきた定説は正しいのだが、しかしより重要なのは、この個人的所有論の真髄は疎外されない所有のあり方を示すことだったという点である。この点がこれまでのマルクス研究では適切につかまれてこなかった。マルクスの前提に疎外論的思考があることが、的確に理解されてこなかったからである。

しかし既に本書で明らかにしたように、そもそも『資本論』は人間が自らの手の作り物によって支配されるような転倒した疎外状況を告発するための本である。従ってその『資本論』の結論に当たる「個人的所有」論もまた疎外論の具体的展開であるのは、考えてみれば当たり前である。

こうして個人的所有の再建とは、資本主義によって奪われた労働者の本質の対象化である労働生産物を労働者が再び取り戻すことである。それは生産手段を自ら所有し、自らの労働の果実を誰に奪われることなく自ら手にできる小規模自作農民において部分的に実現していた理想的な労働のあり方を、連帯した労働者が小規模ではなく大規模な形で高次復活させるということである。これにより、労働は資本主義のように労働者を疎外し苦しめるものではなく、労働者の自己実現のためのメディアに転化する。このような社会が、資本主義を理論的に否定する『資本論』が結論として目指す理想である。

5

生産物を彼自身のものとして認識すること、その実現の諸条件からの分離を無法で強制されたものとして判断すること――は、とてつもない意識であり、それ自身資本に基づいた生産様式の生産物であり、しかしそれだからこそその滅亡への弔鐘である。

『経済学批判要綱』

資本主義は倫理的に不当である

この言葉もまたマルクスの理論的核心を示すものでありながら、一般には知られていない言葉だと思われる。ただしこの一文は近年出版された一般向けマルクス入門の好著である植村邦彦『隠された奴隷制』（集英社新書、2019年）でも引用され、幾分詳しく解説されている（136～139頁）ので、ある程度は知られてきているかもしれない。

植村著でも注意されていたが、この言葉及びこの言葉を含む文章は幾分奇妙なところがある。この言葉の初出は『経済学批判』の草稿になる『経済学批判要綱』だが、この言葉及び前後の長文をマルクスはそのまま23冊の長大なノートにまとめられた1861年から63年にかけての『資本論草稿』の中でも繰り返している。その際に無法で強制されたものだと判断するという箇所に、同時にそれが「不公正」だと判断するというように加筆がなされている。

この加筆は重要である。ここではっきりとマルクスは資本主義を倫理的に不当であると価値判断していることが分かるからだ。これはマルクスの理論が何か価値判断とは自由な「科学的」な理論なのだというかなり一般化した風評への反証例となる。マルクスはただ資本主義を価値自由に分析しただけでも、道徳的に非難しただけでもなく、その両者を統一的に行っている。そこにこそマルクスの理論的真髄があるのだが、ともあれ、長文の文章を二回繰り返し書くということは、いかにこの文章とその核心をなす問題の言葉がマルクスにとって重要だったかという客観的証拠になろう。にもかかわらず、この言葉とその前後の文章は『資本論』には採用されていないのである。

勿論『資本論』はマルクス自身によっては第一巻しか出されておらず、この言葉は第二巻かとりわけ第三巻に書き記す予定だったのかもしれない。しかしだとしたら、エンゲルスによって出されたとはいえ、23冊ノートよりも進んだ段階の原稿によって編まれた第三巻にもこの言葉がないのは奇妙である。恐らくマルクス自身が第三巻を出した場合でも、この言葉は収録されなかった公算が高い。

これは一体どういうことだろうか？　二回も草稿に書くのだから、明らかにマルクスにとって重要な内容である。だったらなぜこれを『資本論』に収めなかったのか。

マルクス自身がその理由を書いていないので正確には分からない。実はマルクスにはこういうことが当たり前にある。そうした場合の文章では、専らマルクス自身の自己理解が問題になっている。自分自身が分かればいいので、公開するには及ばないということだ。また、そうした文章をそのまま活字化するのは拙いとマルクスが判断していたと思われる場合もある。

『資本論』は読んだが『資本論』のための準備草稿は読んだことはないという読者が『経済学批判要綱』や23冊ノートを読むと、文章の調子が違うことに驚かれるのではないか。

草稿は『資本論』と比べて思弁的で哲学的な表現が無造作に使われている。マルクスの哲学そのものである疎外論は『資本論』でも展開されているが、数少ない要所で結論的に行われる程度である。しかもその場合も「疎外」や「外化」といった哲学用語を用いずになされていることが多い。そのことはまた、後世の解釈者に『資本論』に疎外論は元より一切の哲学的思弁が存在しないかのような誤解を与える一因にもなった。このように哲学概念の使用に禁欲的なのは、マルクスが若き日の『ドイツ・イデオロギー』以来、社会科学的分析を哲学的思弁に取って代えるようなヘーゲル主義の堕落形態ともいえる思潮と論戦したことが決定的な契機になっている。

膨大な草稿を研究する必要性

元来マルクスはヘーゲル主義者であり、彼がヘーゲルの観念論を捨てて唯物論者になって後も、その思考の枠組みはヘーゲルの影響下にあった。そのため、マルクスが気を遣うことなく思うままに筆を運べば、理論内容がいかに異なっていようとも、その表面的な文体は彼がかつて批判したヘーゲル主義者と類似したものになる。そのためマルクスは、こうしたあらぬ誤解を避けるために、公刊した著作においては、必要以上に哲学的表現に神経質になってしまったのである。

このことはマルクス自身にも我々のような後世の解釈者にも結果的には不幸をもたらした。確かにこの「不必要な禁欲」によって、マルクスが意図していたようにマルクスを「哲学的な思弁にふけるドイツ人」のように見る目はマルクス生前でも減少した（とはいえ、そうした見方はそれでもまだ結構残り続けたのである）。しかし今度はそのせいで、マルクスの理論の真意やその奥深い細かなニュアンスが伝わり難くなってしまった。そのため、後世の我々がマルクスを研究する際には彼の生前に公刊された著作では全く足りず、その膨大な草稿を合わせて研究しなければ、マルクスの真意が分からなくなってしまったのである。

こうした事情が意味するのは、『資本論』にはなく草稿にのみある言葉であっても、だからと言って重要性が低いということにはならず、むしろ逆に草稿にある言葉だからこそ、活字化された言葉よりも一層マルクスの真意を伝えている場合もあるということである。

問題にしている言葉とその前後の文章は、マルクスの生前に活字化されることはなかったし、その後のマルクス主義にも大きな影響を及ぼしたとは言えないが、なおマルクスの理論的核心の一つを伝えている言葉には違いない。殆ど同じ文章を繰り返し書いたという事実それ自体が、マルクスのこの文章とそこで述べられている理論へのこだわりを示している。にもかかわらずこれを活字化しなかったのは、この文章は大きく誤解される可能性を含んでいたからではないかと思われる。以上を踏まえて、内容の検討に入りたい。

日常的な常識の重要性

この言葉の核心は、やや硬い表現でいえば、「上部構造の独自性の強調」ということになる。マルクスは社会全体を土台と上部構造に分けて描いた。この土台－上部構造論の典型は『経済学批判』の「序言」におけるいわゆる「唯物史観の定式」にあるが、『ルイ・ボナパルトのブリュメールの18日』（1852年）のような他の著作でも論じられている。いずれにせよ経済が土台であり、それ以外の領域が上部構造を形成する。経済はその根源的な次元では食の問題であり、食べることによって生をつなぐという人間生活の最も根源的な存在条件となるため、人間社会における物質的な領域の過程だとされる。これに対して政治や宗教などの他の次元は文化的存在としての人間にとっては重要な要素ではあるが、食のように生存に直結する過程ではなく、その意味では物質的な領域というよりも精神的な領域の過程だとされる。そしてマルクスはこうした精神的な領域を、個々人の意識が社会全体の中で現象したものとして、イデオロギーという社会意識だとした。

そしてイデオロギーの重要な特徴は、その存在根拠は個々人であり、個々の人間が生み出したはずなのに、実際には個々人の意志から独立して、独自な運動の論理で展開していくことにあるとした。そうしたイデオロギーは基本的に土台によって規定され、土台の実体はその社会で支配的な生産様式であるため、その生産様式に照応する形でイデオロギーの内実が形成されるとした。

　例えば私的所有の絶対性という観念は典型的に資本主義という生産様式に照応したイデオロギーであって、資本主義が克服されればその存立根拠はなくなり、イデオロギーとしての機能は果たさなくなる。ということは、問題なのはひたすら経済的土台なのであって、土台が変われば上部構造も自動的に変化するので、人々の意識を変えて、上部構造を土台に先行させて変化させるというのは、本質的な重要さを持たないというような理解が、土台－上部構造論の表面的な読解からは導かれがちであった。

　こうした考えは「経済決定論」として、これまでのマルクス主義でも否定されるのが主流だった。革命を成功させるには適切な政治活動が必要であり、政治もまた上部構造の一角であるには違いないからだ。そのため、政治的実践及び実践の指標となる政治的イデオロギーの重要さは、どのマルクス主義思潮でも等しく強調されていた。しかし政治的イデオロギー以外の社会意識一般の変革作用については、余り重視されてこなかった。特に人々の常識的な感覚それ自体が社会変革の鍵を握るというような議論は、これまでのマルクス主義思潮では主流ではなかった。

　ところがマルクス主義思潮の出発点であるマルクスその人が、この言葉にあるように日常的な常識の重要性を強調していたのである。

　我々の社会は資本主義であり、生産物の所有権の根拠は生産物を作り出したことではない。

資本とその人格化である資本家自身は生産物を作らないが、生産物はそれを作り出した労働者のものではなく、資本家のものである。このことを資本主義に生きる者の大多数は疑問に思わず、当たり前の常識だと信じている。しかし労働者の多数が生産物はそれを作り出した労働者自身のものであって、現行の法律では認められている資本家の所有権は不正だという意識を持つようになり、ましてやそうした意識が常識にまでなったら、もう資本主義は維持不可能になっているだろうとマルクスは言うのである。

それだからマルクスはこの言葉に続けて、「彼が第三者の所有物では有り得ないという人格としての彼の意識と共に、奴隷制はただなお一つの技巧的な定在を無為に先伸ばししたり止めたりしただけで、生産の土台としては持続し得なかった」という。つまりそうした変革過程は、既に奴隷制社会で経験済みだというのである。

奴隷を買うことが不正ならば、労働力を買うことも不正である

奴隷制がなぜ成り立つかといえば、奴隷という存在が異常ではないことが常識として人々に意識されているからである。これは我々の常識とは異なる。資本主義では原則として何でも買えるが、人間を丸ごと買ってはいけない。こうした常識が確立しているため、奴隷制擁護者が巧みな言論で奴隷制支持者を広めて奴隷制度を復活させるということは、絶対とは言えないが、

先ず見込みのない企てになる。

しかし考えてみると、我々が常識として何でも買っていいと思っているのにもかかわらず、奴隷を買ってはいけないという論拠はそれほど自明ではない。我々の社会では一人の人間の全時間を丸ごと買うことは禁じられているが、労働日という一日の労働時間と、労働日に費やされる労働者の労働力を買うことは許されているどころか、労働力が売買されないと成り立たない社会に生きている。だったらなぜ一日24時間丸ごと買ってはいけないのだろうか。また逆に、なぜ24時間丸ごとでなければ買っていいのだろうか。労働力は労働者が全人的に力を振り絞って拠出するものであり、労働力を買うことは労働者である一個人の最も大切な人生の時間を買うことでもある。なのになぜ労働力は買っていいのか。奴隷を買うことが不正ならば、労働力を買うことも不正ではないのか。奴隷が禁じられるのならば、労働力の売買に基づく資本主義的な賃金労働も禁じられるべきではないのか。これがこの言葉に込めたマルクスの思いである。

そしてこれはマルクスからすれば、共産主義に生きる未来人が過去を振り返る際の意識でもあるだろう。

共産主義では賃労働は廃され、労働力の売買は消滅している。そうした共産主義に馴染んだ者からすれば、自分の労働力が他者に所有されるというのはとんでもない不正だという意識が常識化しているだろう。そしてそうした共産主義で、資本主義擁護者が巧みな言論で労働力所有支持者を増やすことは、我々の社会で奴隷制支持者を増やす程度に難しいことだろう。

ということはマルクスの理論からすれば、労働力の第三者による所有が不正であるという、現行の社会では非常識な「途方もない意識」が常識化するくらいに広まれば、自ずと経済的土台も変革されるということになるだろう。これがこの言葉の含意であり、それだからマルクスがこれの活字化に慎重になった理由でもある。

なぜならこれだと経済的土台を変革することなしに人々の意識だけが変われば革命が成就するようにも読めるからだ。

こうした誤解を予期してか、マルクスも「とてつもない意識」それ自体が資本主義という土台の生み出したものだという但し書きをしている。しかしこの但し書きを強調しすぎると今度はイデオロギー独自の役割が見えなくなり、経済決定論の面のみが徒に強調され過ぎてしまう。

マルクスにとって明らかに重要なこの言葉をなぜ公刊しなかったのかという真意は勿論分からないが、こうした読みの多様性を許してしまう文章であることにマルクスは警戒したというのは、無理のない解釈だろう。

学問の社会的機能とは何か?

後世の我々にとってはこの言葉及びこの言葉を含む文章に示されたマルクスの理論は、イデオロギーのみならず、そもそも学問というのは何のためにあるのか、学問の社会的機能とは何にあるのかを考える格好の素材となっている。

例えば今私が書いているこの本は、一体何のためのものなのかという問いもこれに関係する。勿論本書はマルクスの言葉の解説を通して読者をマルクスに入門させるための本だが、この場合に私はマルクスを丸ごと肯定することなく、その至らぬところは退けて、マルクス以外の新たな理論でグレードアップすべきだという批判的なスタンスでマルクスを読み、読者にもそのようなマルクス像を引き受けるべきだと願いつつ執筆している。とはいえ本書は、こうした批判的なものではあるものの、資本主義における人間の疎外を乗り越える社会として共産主義を展望するという意味では、広く基本的な意味ではなおマルクス主義の立場で資本主義批判を提起し、資本主義の変革を訴える本ではある。

また本書はこうした変革の訴えの前提として、資本主義が革命によって打倒されて共産主義になるのは決して歴史の必然ではなく、共産主義とは実現可能性を前提した上での規範の提起であり、人々にとって望ましい社会の規範としてマルクスの構想した共産主義像を勧めるというスタンスの本である。この意味で本書は基本的に倫理学の本であり、マルクスの共産主義論を倫理学的な規範理論として受け止めるという、私のマルクス研究の基本方針が私のこれまでの著作同様に貫かれたものとなっている。

そうするとこの本は主として道徳に関わっているということになる。そして道徳というのはマルクスがはっきりとイデオロギーの一つに数え上げたものである。

しかしイデオロギーというのは特定の生産様式に照応した上部構造であり、その主要な機能は体制の維持ということになるはずである。だとするとこの本を含めて倫理や道徳を説くことにはどんな積極的な意味があるのか、疑問が生じる。マルクス主義的な観点からすれば、資本主義の分析や資本主義変革のための具体的な政治実践の指標を示すのではなく、よい社会や人間のあり方一般を説く倫理学のような学問は無駄であるどころか、資本主義体制の維持に資する有害なイデオロギーに過ぎないのではないか。

経済学研究の金字塔である『資本論』の著者として、マルクス自身はある学問全体を有害だとか無意味だと考えたりはしなかっただろう。ただマルクスのイデオロギー論から学問自体や特定の学問分野全体が有害だという議論までは出てこなくても、有害なイデオロギーというのはあるという話にはなろう。実際かつては現実社会主義諸国や資本主義国内のマルクス主義者の間で、ブルジョア・イデオロギー批判が盛んだったし、ブルジョア・イデオロギー批判の一環として、ブルジョア哲学批判も盛んだった。

現実社会主義が崩壊したこともあり、今ではこの種の批判活動はすっかり下火になったし、かつてのブルジョア哲学批判の多くが低レベルなレッテル貼りに終始していたため、こうした批判が下火になるのは必然でもあった。しかし明らかに資本主義擁護イデオロギーになっているような言説には批判が必要だし、資本主義克服を訴えることは、少なくともマルクス主義の立場なら、経済学や政治学の領域だけではなく、その理論展開が社会のあり方に関わるような、どの学問分野にあっても求められる。

本書は倫理学からするマルクス入門であり、倫理学はイデオロギーである道徳の本質を体系的に説明しようとする学問分野である。だとしたらこの学問の課題も明確で、資本主義擁護に結び付くような倫理学説を批判し、倫理的善の実現には資本主義を乗り越えて新たな生産様式をもたらすことが必要だという理論を正当化をすることが、倫理学に最も求められる社会的機能ということになろう。

とは言え、倫理学もその細部は多岐にわたり、社会との結びつきが希薄と思えるような問題も少なくない。そうした明らかにイデオロギー機能を持たないような問題にまでその「ブルジョア性」の如きものを批判しようとするスタンスは、流石に政治主義的に過ぎる。しかし倫理学の中心的な課題であり、特に現代倫理学ではロールズの『正義論』(1971年)以来、伝統復帰的に議論されるようになってきた「善き社会」のあり方を問うというような場合は、まさにそうした議論のイデオロギー性が十分に反省されるべきだろう。

市場経済が前提とされた理由

ポスト・ロールズの具体的議論は本書の課題ではないのでここでは一言だけ注意するに止めたいが、現代の政治哲学ではロールズを含めて市場社会をデフォルトの前提にしている。現実社会主義の崩壊と中国やベトナムなどの生き延びた現実社会主義の実践を見れば、市場経済以外の経済は原理的に不可能だと実証されたように思えるし、市場経済以外の経済のあり方にリアリティを感じないという政治哲学領域での研究者の一般的態度は理解できるところもある。

確かにごく近い未来に市場経済が廃されるというのは無理な想定で、短期的には社会主義構想は市場社会主義として議論されるのが穏当だろう。

だが中期的、とりわけ長期的にも市場が残存するというのはどうなのか。そこまで前提することは、実際にはブルジョア・イデオロギーとなっているのではないか。

かつて「経済計算論争」というのがあり、消費性向の多様性を満たすには事前計画では無理で市場の事後的調整に委ねる他はなく、無理に計画を行えば官僚支配の抑圧体制に帰結する他ないとして、現実社会主義の「計画経済」（実際には疑似計画経済）を批判するという論調が一世を風靡した。

こういう議論は経済計算論争の当事者の一人だったミーゼスや弟子のハイエク、新自由主義経済学の代表者であるミルトン・フリードマンやその後継者たちによって盛んに喧伝された。そして現実社会主義崩壊以降は、こうした自由至上主義者たるリバタリアンに批判的な人々も市場社会主義に象徴されるように、市場経済をデフォルトの前提とするようになった。

しかしこのような市場廃止不可能論の前提だった経済計算の不可能性が議論されていた時代と今では、計算の前提が全く異なっている。

市場経済をデフォルト条件とすることが時代錯誤に？

ポスト資本主義に望まれる非市場経済が、かつて議論されたような事前計算によって需給を完全にコントロールし、人々に不満を与えないような「計画経済」なのかどうかは大いに疑問だが、仮にそういうものだとしても、議論の前提が、かつて計画経済が不可能だとされていた時代とはまるで違っている。以前の議論の念頭に置かれていたコンピュータと比べて現在のコンピュータは、似て非なるものにまで飛躍的に進歩しているからだ。

ハード的な性能だけで見ても、経済計算可能性が議論されていた時代のコンピュータは、今では関数電卓程度のものでしかない。しかも性能の向上は右肩上がりであり、話半分ではあるが、やがて「量子コンピュータ」によって、現在のスーパー・コンピュータが玩具程度に思える程の技術的ブレークスルーが起こるというような話も囁かれている。現在の水準でも十分に高度な計算ができるのに、なおさら飛躍的な発展が展望されているのである。

しかもハード面だけではなく、ディープ・ラーニングのようなソフト面でも、現在のプログラミング技術はかつての予想を裏切る飛躍的な進歩を遂げている。そしてこうしたソフト面での発展も、別に頭打ちというわけでもないのだ。

こうなってくると、話の前提が全く変わってくる。かつて経済計算は「天文学的に複雑」なために不可能だと結論された。そしてこの結論は商品の多様さと選好の複雑性という多くの人が抱く直観によって正当化され、社会常識の一つとなって定着した。

ところが現在のコンピュータ技術は、ソフト面では予め無駄な計算を省けるような方法論を確立した若しくはしつつあり、ハード面ではそれこそ天文学的な計算を瞬時にこなせるようになっている。

ということは、かつて不可能とされた「計画経済」は、現在そしてとりわけ近い将来には、困難どころか比較的容易に運営できるのではないだろうか。

望まれる社会主義的な経済はかつての現実社会主義とは異なるものだし、望ましい非市場経済がかつて想定されたような計画経済のようなものだとも限らないが、仮にかつて想定されたような計画経済だとしても、官僚主義的な歪曲がなければ、容易に運営できるのではないかということである。

このことが意味するのは、それだからかつて断念された計画経済をやれという話でも、そうはいっても官僚主義的歪曲はコンピュータでは防げないだろうという問題でもなく、少なくとも市場経済を永遠のデフォルト条件とするのが明らかに時代錯誤だということである。

現在でも社会主義に対して向けられる定番的批判の一つは経済計算の複雑さを持ち出して市場廃止の不可能性を説くものだが、こうした反対者の十八番を、現在の技術発展は無効にしてしまったということである。

イデオロギー闘争の細やかな試みの一つ

現在のコンピュータ技術はマルクスその人の想像のはるか先を行くものだろうが、資本主義によって加速化させられる生産力発展が、資本主義の存立基盤を掘り崩すという議論の形式自体は、まったくもって正解だったということである。現在の生産力段階は、資本主義の前提であるどころか、『資本論』の表現をもじって言えば「人類社会の永遠的自然条件」であるかのように前提視されている市場経済が克服される現実的可能性を示唆しているからである。

勿論だからと言って、市場は必ず無くせると断言することは、市場をデフォルト条件とするブルジョア・イデオロギーの裏返し的な信仰告白になってしまう。しかし少なくともこれまで議論されてきた市場の不可避性の議論は、その存立基盤を失うまでに相対化されている。それだから、資本主義を批判する側が、短期的な必要悪として市場社会主義を提起するのはいいが、市場は永遠に克服できないとまで妥協するのは、ブルジョア・イデオロギーに対する不必要な跪拝になる。

そこで、あるべき社会のあり方を提起するイデオロギーとしての倫理学や政治哲学の役割は、現代の政治哲学の主流が陥っている市場存続の自明視を相対化し、市場を克服したユートピア的理想状況としての共産主義実現に資するような言説を発表し、議論や出版等の学問ならではの方法に則って少しでも広めていくということになろう。この意味で、まさに本書はそうしたイデオロギー闘争の細やかな試みの一つである。

そしてマルクスは、こうした肯定的なイデオロギー活動、体制維持のための幻想を振りまくのではなく、むしろ反対に体制変革の指標を示すような学術活動は、既にそういう活動が生じ、さらに本格化してきている時点で、現実的な変革可能性が生じているとする。それは「自分は第三者の所有物では有り得ない」という変革のイデオロギーが広まるのは、それ自体が生産力の発展という物質的根拠を有するからだという。それだからこの変革の意識は現実的な革命を先取りし、それを導く役割を果たすということになる。

こうして今問題にしているマルクスの言葉は、生産力の発展という社会変革のための物質的な条件を前提としつつも、イデオロギーとしての学問の独自な意義も明確にするものとなっている。それはその学問それぞれの独自な領域において、変革の指標とする意識内容を広げていくべきだという要請である。まさに『資本論』はそうした望ましい学問のあり方の指標となっているのであり、それだから我々はこれに範を仰いで、少しでも有意義な変革のための学問活動を行うべきだということになる。

マルクスのイデオロギー論の射程

ただここでまた、改めて生じうるだろう誤解を除くために一言しておけば、マルクスのイデオロギー論の射程は、まさに体制の維持や変革に間接的にでも関わるような学問分野に限られるということだ。間接的な効果としてはかなり多くの学問分野がイデオロギー的機能を果たすと思われるが、どう考えてもイデオロギー効果が無縁か若しくは希薄な領域もあろう。

学問のイデオロギー性を自覚するのは大切なことだが、逆に過度に強調することによる弊害は、ソ連や東独のような現実社会主義諸国でも見られた。相対性理論やサイバネティクスは当初はブルジョア・イデオロギーだと否定されていたのだが、流石に後にこうした無理のあるレッテル貼りは撤回され、サイバネティックスに至っては東独で全学問の基礎的方法論にまで祭り上げられた。こうした自然科学分野での不必要なイデオロギー闘争は、疑似科学であるルイセンコ学説がスターリンや毛沢東によって持ち上げられた結果、中国の大躍進政策の中でルイセンコ学説に基いて誤った農耕が行われ、壊滅的な飢餓をもたらす一因にもなった。

また、我が国でも第二次大戦中に盛んに描かれた戦争画に代表されるように、美術も体制擁護のイデオロギー機能を強く果たすものである。それだから現実社会主義では労働を美化するリアリズム美術が、今度は逆に反資本主義体制擁護に用いられた。だからと言って美術を専らイデオロギー機能だけで評価したり、製作者に圧力をかけるようなあり方は、たとえ体制変革を意図していたとしても、望ましいものではなかろう。

こうして自然科学や芸術もイデオロギー的性格を帯びざるを得ないものだが、だからと言って全てをイデオロギー闘争に結び付けるような一面化は避けるべきである。美術や文学のような芸術分野を専らイデオロギー闘争の一環とのみ見ることは、かえって表現の幅を狭めて、芸術の健全な発展の妨げになる。

自然科学も原子力研究に代表されるように、今日では社会的な文脈を無視して語ることはできないし、こうしたビッグ・サイエンスを取り巻く状況は否が応でもイデオロギー性を帯びる。とはいえ自然科学の研究内容である物質それ自体は、社会体制と何の関係もなく一定の法則や傾向に従って運動する。共産主義になれば人心は根本的に変化するが、物理法則は何も変わらない。自然科学研究の内容自体は、イデオロギー性を帯びない。従って自然科学領域でイデオロギー問題を問う場合は、不当な拡大解釈をしないように最大限注意を払い、物質の挙動それ自体に階級性を見出すようなオカルト的偏向は避けなければいけない。

こうしたマルクスの観点からすれば、社会的意識一般という意味では科学も含めて学問全般がイデオロギーということになるが、それらの社会意識としてのイデオロギー一般の中でも強く階級的性格を帯びざるを得ず、イデオロギー闘争の舞台となるという意味での狭義のイデオロギーを区別しておく必要がある。

本書は善き社会としての共産主義を提起したマルクスの言葉を肯定的に受け止めてこれを解説しようとする。善を全般的に考察する学問は倫理学で、倫理学の中には形式的な議論を専らとするメタ倫理学のように、イデオロギー的性格が希薄な分野もある。しかし本書が扱うのは善き社会のあり方であり、これは近接する学問分野である政治哲学と共に、典型的なイデオロギーの領域である。

本書で私は自覚的に反資本主義のイデオロギーを展開するが、社会理論においては多くの場合は本書と異なり、無自覚的に資本主義擁護のイデオロギーが展開されている。市場のない社会への想像力が予め絶たれている現在の理論状況は、ブルジョア・イデオロギーが現代の支配的なイデオロギーであり続けていることの一つの現れである。

しかし最近では特に環境問題を梃子にして、資本主義体制それ自体への問い直しが世界的に広まっている。これはひょっとすると資本主義の終わりを告げる弔鐘（元の意味は聖書の黙示録に出てくる最後の審判を告げる鐘）なのかも知れない。そこまで考えるのは大げさだとしても、少なくとも変革の兆しではあろう。ここで求められるのは様々な手段によって、人々の「途方もない意識」を広めていくことで、そうしたイデオロギー闘争こそが社会を論ずる学問の役割ということになる。本書もそのための細やかな努力である。

6

人間というものはいつも自らが解決できる課題しか立てない。というのも、正確に考察されるならばいつでも、課題そのものがその解決の物質的諸条件が既に手許にあるか少なくともそれの生成の過程が進行中であるところにだけ発生していることが常に見い出されるからである。

『経済学批判』

「唯物史観の定式」の一節

一般には殆ど知られていないが極めて重要な「生産物を彼自身のものとして認識すること〜」という『経済学批判要綱』の言葉に対して、草稿である『経済学批判要綱』に基づいて実際に単著として出版された『経済学批判』にあるこの言葉は、比較的知られた言葉だろうと思う。というのも、この言葉は『経済学批判』の本文よりも有名で広く読まれている「序言」にある「唯物史観の定式」の一節だからである。

唯物史観の定式では人間の社会的存在が意識を規定するという大前提の下、社会を経済的土台とイデオロギー的上部構造に分ける社会観が提示され、社会の土台を成す生産関係の革命的変革が説かれる。その際、生産関係の再編成である革命は、旧体制での生産力が完全に発展しきって、既存の社会構成が生産力発展の桎梏となるまでの機が熟さなければ、決して成功することがないことが強調される。そうした文脈で出てくるのがここに取り上げた言葉である。

要するに人類社会には発展段階というものがあり、段階を無視して一足飛びに急激な進歩を得ることはできないという警句であるとともに、機が熟しているのならば革命には確かな成功の見込みがあるという楽観的な展望の提示でもある。

こうしたマルクスの社会変革論だが、唯物史観の是非とは別に一般論としてそれなりに納得がいくものがある。

古代を舞台にした物語には、英雄的な王やその側近の貴族たちが悪辣な旧支配者を打倒して人徳に満ちた平和な秩序を築いて民衆に感謝されるというようなモチーフが一般化している。こうしたお話の作り方に昔の人々も今の我々も別段違和感を抱くことはないが、現在の我々からすれば、そもそも王や貴族がいるような身分社会であること自体が諸悪の根源なのではという素朴な疑問を抱くこともできよう。

しかしだからと言って抑圧的な旧支配者を打倒した英雄が、自らが新たな王になることなく王制自体を廃して貴族も全て平民にしてしまい、我々の社会同様な共和体制にして議会制民主主義で政治を運営するように制度変革するというような話にしたら、相当な違和感を持たざるを得ないだろう。そのような歴史的事例はないし、架空の物語であっても、そうした舞台設定は余りにもリアリティがなさ過ぎて、読者の共感の得にくい話になってしまう。

これは歴史には順序があり、数百年や千年単位で物事の推移を飛ばすことはできないという印象が我々の間に広く共有されていることからくる拒否感だろう。

革命に向けて生産力は高まったのか？

古代ローマでは有名なスパルタクスの乱を筆頭に奴隷反乱が頻発したが、スパルタクスにせよ誰にせよ、当の反乱主導者の誰もが、奴隷制度はともかくとして、一切の身分差のない社会を実現しようとは思ってなかっただろうし、実際にそうした平等社会を目指そうとしても、挫折する他はなかっただろう。今の我々からすれば奴隷制は全く許容できない不正だが、古代社会にあっては制度化された常識だった。

奴隷制社会に続いて現れた封建制社会でも身分差と身分に基づく差別は前提であり、人間は生まれながらに平等だという我々の常識は共有されていなかった。

ようやく近代社会になって、人間の本質的平等を謳う思想が社会の主流を形成するようになった。それは貴族ではないブルジョアが社会の主人公となった資本主義のイデオロギーでもあった。しかしブルジョアジーが望むのは資本蓄積だけであって、ブルジョアにとって平等思想は生まれながらの貴族ではない自らの支配を正当化するための手段でしかなかった。そのため人間の平等を謳う近代社会にあっても平等は形式的な建前に過ぎず、貧富の差に由来する実質的な不平等は温存され続けている。本当の平等を実現するためには資本による労働者の搾取を無くさなければならないのであり、搾取を無くせば資本主義は成り立たないからである。

とはいえ、たとえ形式的ではあっても人間の平等を実現し得るには、奴隷がいるのが常識だった古代社会から悠久の時が必要だったのであり、古代ギリシア社会でどこかの賢者が奴隷のいない完全平等社会を、たとえポリス単位であっても実現することは不可能だった。アテナイのような民主制ポリスであっても、そこで謳われた民主主義は自由人の成人男子という一部のエリート層だけのものであって、その民主主義は政治から排除された奴隷の労働によって支えられていた。まさにその生産力水準が奴隷制と照応していたからであり、近代的な平等を実現するためには近代社会の水準にまで生産力が高まっていなければならないからである。

そしてマルクスはこの唯物史観の定式で、今や生産力が資本主義を桎梏と化すまでに高まっているとしたわけである。それだから社会主義革命という課題が、実現可能なものとして提起されていると言っている。

しかし歴史的事実はマルクスの見通しが甘かったことを示した。確かにこの言葉自体に、かつてのマルクス自身やマルクス周辺の革命家の拙速主義への反省が込められている。革命はあくまで生産力の成熟を待ってのみ可能であり、一揆的に革命状況を作り出しても不毛な失敗に終わるだけだという慎重論である。

しかしそれにしても、マルクス生前に革命は起こらず、マルクス没後のロシア革命や中国革命等によってもたらされた現実社会主義はマルクス自身の構想から程遠いものであり、その実態は社会主義ではなくてむしろ資本主義によく似た抑圧社会に過ぎなかった（『99％のためのマルクス入門』参照）。

明らかにマルクス自身はこうした事態は想定していなかっただろうし、マルクス本人の予想は大いに外れたというのが真実だろう。

革命の見通しは甘かった

では唯物史観と唯物史観に基づく革命論が全くの間違いで、資本主義は人類滅亡まで不変の経済秩序たり続けるだろうか？　しかしそうした予想も、これはこれで浮世離れしている。まさに資本主義的な成長至上主義によってこそ、地球環境は回復不可能な深度で破壊され続けている現実があるのは、誰の目にも明らかだからだ。

明らかに資本主義的生産関係と照応しない次元にまで生産力が高まっていてかつ、今すぐ資本主義的成長至上主義を終わらせなければいけない状態になっているにもかかわらず、なお資本主義であり続けているのが現況と言えよう。しかも資本主義以外の社会秩序に対する想像力が、社会主義を標榜する左翼政権が乱立する南米などとは異なり、少なくとも我が国では枯渇しているように見える。変革が可能な前提条件があり、変革が危機脱出のために直ちに必要なのに、なお旧体制のままであり続けているのが我が国の現状ということになろう。

ここから言えるのは、唯物史観の基本認識は正しいが、革命の見通しに関してはマルクスもその後継者も大いに甘かったということである。マルクスもその後のマルクス主義者も、資本主義の桎梏となった高度生産力が革命をもたらさず、資本主義のままで文明それ自体が滅んでしまうという最悪のシナリオに思いを馳せ得なかったのは、明るい未来社会を展望する者にあり勝ちな楽天主義と、そこまで人間社会に合理性は欠けていないし、人間はそこまで愚かではないという理性信仰のためではないかと思われる。特にヘーゲルを継承するマルクスにはその傾向は強いのではないか。

しかし人類が滅亡してもいいとか、そこまでではなくとも未来世代の生活水準が大幅に低下しても構わないというのでなければ、資本主義の宿命である無目的な利潤追求が結果させる成長至上主義を終わらせないといけない。そこで必要なのは、諦めて絶望することでもなければ、これまでのマルクス主義のように無根拠な楽天主義に身を任せることでもなかろう。

何ともならないかもしれないが、努力すれば何とかなる余地があるという程度までには現在の人類を信頼していいのではないか。確かにこれまでのマルクス主義のように、無根拠な楽天主義に甘んじることは不適切である。しかしマルクス主義が保持してきた理性主義は、これを理性を拒否するのではなくあくまで理性の立場に留まり理性を信頼しようとする伝統として捉えるのならば、やはりなお維持し育み続けるべきだろう。

7

批判の武器はもちろん武器の批判にとって代える
ことはできず、物質的な力は物質的な力によって
倒されなければならない。しかし理論もまた、
それが大衆をつかむや否や、物質的な力となる。

『ヘーゲル法哲学
批判序説』

不毛な論争に陥らないために

社会変革のためにイデオロギーはどのような役割を果たすのか、実際的な政治活動と理論的な批判活動はどのような関係にあるかということを「とてつもない意識」についての言葉に即して詳しく説明した。実はこの認識は、まだイデオロギー論を作り出せなかった初期著作で、既にマルクスによって確立していた。それがこの『ヘーゲル法哲学批判序説』の言葉であり、この言葉は『経済学批判要綱』の言葉と異なり、マルクスの言葉としては有名な部類に入る。

しかしこの言葉は有名ではあるが、その格言的な調子のためか、「マルクスの名言」として表面的に受け取られるだけで、一つの重要な理論的問題提起である点は看過されがちだった。だがこの格言もまた、マルクスの理論的核心を伝える言葉の一つである。

とはいえ「とてつもない意識」の言葉を解説し終わった後となっては、その理論内容について多言は要しまい。

「批判の武器」というのは、実際に効果的に現状を批判できる方法を意味するように思われる。それは現状を批判するための方法論に対する批判のことと解せる。現状を適切に批判するためには、有効な批判になるように言論上の武器が必要である、そのためには批判の武器である方法論を十分に吟味して、相互批判の中で鍛えておく必要がある。

しかしこうした方法論の相互批判は、往々にして批判それ自体を目的とした不毛な論争に陥りがちである。実際マルクスは常に論争の只中にあったが、マルクスが批判する論者の中には、現実的なアクチュアリティを度外視した思弁に耽る者も少なくなかった。そしてマルクス自身も、そうした方法論に対する議論自体を目的化して、批判すべき対象である現状の分析を蔑ろにしないように自戒するところもあったろう。

料理をするためにはナイフが必要だが、ナイフの切れ味が悪くてはいい料理は作れない。そのためにはナイフをよく手入れしておく必要があるが、どんなにナイフの切れ味を良くしても、実際に使わなければ意味がない。批判を鋭くするために批判のための武器を批判することは必要だが、そうした武器の批判はあくまで手段でしかない。目的は現状を批判することで、批判されることによって鍛え上げられた武器を実際に批判の武器にすることこそが重要なのである。

理論と実践の関係をどう捉えるか

そして批判の目的はまた、言論の力で現状を変革することである。しかし言論それ自体は物体ではなく、精神的な領域の存在である。そのため言論が直接的に物質的な力（Gewalt）となって現存する抑圧状況を打倒できるわけではない。実際に抑圧を打ち破り、現状を変えるためには、多くの人々の実践的な活動が必要である。この意味で、批判それ自体が直ちに物質的な強力に転化し、批判活動それ自体が革命的実践となって世の中を変えることができるというのは、知識人の陥りがちな幻想である。

しかしながら人間は、理想を物語として思い描いて、自らの原動力にできるし、そうせずにはおられない存在である。そのため、現実的に社会を変革していく勢力を構成する個々人も、自分なりの物語を、社会変革についての思想を抱きつつ運動にコミットするわけである。だから、そうした運動にコミットする人々の基づく思想の内実は、革命運動にとって決定的に重要になる。だからそうした変革主体に的確な変革のビジョンが提供され、そのビジョンを変革主体が的確につかむことができたのならば、「理論もまた、それが大衆をつかむや否や、物質的な力」となり、革命を成功裏に導く可能性を高めるわけだ。

理論と実践の関係をどう捉えるべきかは社会変革を志向する際には常に問題となるが、このマルクスの言葉は難問に対して適切な方向性を示している。

8

私的所有の思想を止揚するためには、考えられた共産主義で全くこと足りる。現実的な私的所有を止揚するためには、現実的な共産主義的行動が必要である。

『経済学・哲学草稿』

人々は物質的利害に囚われる

社会変革のためには適切な思想が必要だが、思想それ自体が世の中を変えることはできず、実際的な運動があって初めて現実に世の中を変えることができる。武器の批判と批判の武器の混同を諌める『ヘーゲル法哲学批判序説』の認識が、具体化されて端的に言い表されたのがこの『経済学・哲学草稿』の言葉である。

それにしても、一見すると当然のようなこうした注意に、なぜ若きマルクスは何度も繰り返すほどに強くこだわっていたのだろうか。

それはヘーゲルを乗り越えて唯物論に立脚する共産主義者へと変貌を遂げた後にこれらの言葉を述べるようになったマルクスは、その少し前までは、逆に批判される側にいたからである。ヘーゲル主義者として「ライン新聞」で健筆をふるっていたマルクスは、まさに言葉による批判がそれ自体で世の中を変える原動力になり得ると信じていた。

こうした若きヘーゲル主義者としてのマルクスにとって核心的な課題となるのは、それこそ自らが編集長を務める新聞による啓蒙活動であり、啓蒙によって人々を国家臣民としての公民意識に目覚めさせることだった。こうした啓蒙された市民が世の中を良くしていく。だから言論による啓蒙活動が最も有効な社会変革の実践ということになる。

マルクスの先輩研究者であるヘーゲル左派哲学者のブルーノ・バウアーは、歴史を動かす主体の位置にヘーゲル流の神観念である「絶対精神」に換えて「自己意識」を据えた。ここからは先進的な自己意識による社会変革という、啓蒙主義的なビジョンが生じてくる。ヘーゲル主義者だったマルクスも、こうしたバウアー的なスタンスと軌を一にしていた面があったのは否めない。

こうして絶対精神に換えて先鋭的な自己意識を対置しても、なお焦点となるのは意識という精神的な領域であり、人間の生の焦点はその精神的な生活の面にあった。

しかし世の中を変革するには、その中心的構成員である大衆の生のあり方を適切につかまなければいけない。マルクスは「ライン新聞」を通して、人々がどこまでも階級的な物質的利害に囚われるのを痛感させられた。自らが生きるか死ぬか、自らの富が増えるのか減るのかという物質的利害の前では、精神の変革を唱えるのみの思想は、空疎な建前として人々に受け止められる他はない。

そこでマルクスは、こうした現実的な人々の心のありように即した思想でなければいけないと、考え方をシフトしたのである。物質的利害に囚われる人々の意識の低さを嘆くのではなく、むしろ人間とはどこまでも物質利害と共にある存在だと前提した上で、そうした大衆がどうすれば実際に変革主体となれるのかを模索するようになったのである。

理論と実践は車の両輪

こう考えるようになったマルクスからすれば、私的所有の否定をその中核とする運動である共産主義も、自ずとヘーゲル主義者だったかつての自分が強調していたように、先進的な自己意識になって遅れた人々の蒙を拓くことで実現されるものではない。共産主義は私的所有のシステムである資本に搾取されて貧困に落とされて人間性を奪われてしまっている労働者が、階級意識によって連帯して、実際的な革命運動を行うことによって実現することができる。

そのためマルクスは、第一インターナショナルを代表としてその活動のことごとくが失敗に終わったものの、常に現実的な変革運動へのコミットメントを保ち続けたのである。

しかしそのマルクスはそうした革命運動のみならず、同時に『資本論』のような理論的探究に最大限のエネルギーを注いだ。このことはまさに実践というのは常に理論を前提し、理論に裏打ちされてこそ有効な実践たり得るという注意でもある。マルクスは「考えられただけの共産主義」を批判し共産主義実現のための現実的な実践を推奨するが、これは決して「考えなしの共産主義実践」の勧めではない。

理論と実践は車の両輪として、常に相互補完的に効果を発揮しなければ、革命は成就しない。当然ともいえるこの視点は、革命家でもある理論家マルクスその人のあり方に体現されていた。それにもかかわらず、マルクス主義とはひたすらに革命的実践を説くのみの教義だという誤解は、マルクス主義の内部にも外部にも広がっていた。そうした誤解の一因が、マルクスの言葉を文脈と前提を切り離して読解されることにあったのは、疑い得ないと思われる。

9

哲学者たちは世界を様々に解釈してきただけだが、大切なのはそれを変えることである。

『フォイエルバッハ・テーゼ』

真意が歪められて広がっている代表例

本書は膨大なマルクスの文章の中から、彼の思想的核心を示す言葉を切り取って解説することで読者をマルクスに誘おうとする入門書であるが、取り上げる基準はあくまで理論的に重要かどうかで、世間的に有名かどうかは二義的である。そのため『資本論』の冒頭言のように、研究者や既にマルクスに親しんでいる読者には馴染み深い言葉を取り上げはするものの、マルクスを全然知らない人でもどこかで聞いたことがあるというまでに有名な言葉は、これが初出となる。

この言葉こそ「宗教は民衆のアヘンである」(『ヘーゲル法哲学批判序説』)と並んで、間違いなく最も有名なマルクスの言葉であり、誰でも一度は聞いたことがある言葉でもあるだろう。

宗教は民衆のアヘンだというマルクスの言葉の真意については『99%のためのマルクス入門』で詳しく説明してあるのでここでは繰り返さないが、この言葉も「民衆のアヘン」同様に、その真意が歪められて広がっている代表例となっている。

何といっても、この言葉を予備知識なくそれだけ読めば、解釈と実践が排他的に対置され、前者を否定し後者を受け入れるべきだという話に見えるからである。加えて、そういう無価値な解釈をやっていたのが哲学者ということで、マルクスは哲学という学問それ自体も否定しているかのようにも受け止められるだろう。

そうなるとここでマルクスは、世界をあれこれと解釈する理論的活動などにうつつを抜かさずに、とにかく世界を変えるための革命的実践に献身することこそが大事なのだと訴えているように見える。

実際にマルクス以降のマルクス主義ではまさにこの言葉は実際的な革命活動へのコミットメントの大切さを訴えるためのスローガンとして用いられてきたし、今もそうしたスローガンとして受け止めるのが一般的な理解となっている。

確かに実践は大事であり、理論と実践を結び付けるのは大切だ。しかしこの言葉はそうした理解よりもむしろ、実践は理論よりも重要だというように、理論と実践に優劣を付けているように受け止められてきた。

しかしこうした通俗的理解は不適切なだけではなく、有害でもある。こうした「実践優位主義」は、理論を軽視する反知性主義に直結しているからだ。例えば毛沢東主義にはこうした反知性主義的要素が色濃く、文化大革命はその負の側面が全面的に発揮された惨劇だった。

こうした反知性主義的解釈では理論の地位は低く見積もられ、実践の合間についでにやっておけばいいというような付属物に引き下げられる。

理論こそが実践の指標となる

ここまでくれば、こうした通俗的理解がマルクスの真意を曲解していることは自明だろう。なぜならもしマルクスが理論を実践の付属物のように考えていたなら、彼は『資本論』のような重厚無比な理論書を物したりはしなかっただろうからだ。

実際にはむしろマルクスは、理論を実践の付属物と考えるような同時代人たちと、常に鋭く対立しあってきた。

現実問題として、社会主義的な革命運動を主導する側も実際に運動を担う多数も主要には労働者であり、大学教員や職業的な知識人は少数だった。今と異なり識字率も低く、社会主義の高度な理論を理解できる労働者は少数の例外に過ぎなかった。大半の労働者からすれば、複雑な社会科学理論よりも分かり易いスローガンのほうが、深く心に沁み込むことが多かったはずである。

実際マルクスの先行者でドイツ最初の共産主義者と言われるヴィルヘルム・ヴァイトリングは、複雑な理論ではなく、キリスト教道徳に基づく分かり易いメッセージで労働者の心をつかみ得た。こうしたヴァイトリングからすればマルクスは、不必要な思弁にふける空論家の類ということになろう。このような伝道師然としたヴァイトリングに対してマルクスが会議の席上で、「無知が人の役に立ったことがあるか！」と怒号したというエピソードは有名である。

実はこうした対立はヴァイトリングに限ったことではなく、プルードンや特にバクーニンのような、マルクスにとってもっと大きな思想的ライバルとの関係においても基調をなすものだった。

プルードンはヴァイトリングと異なり、独自の経済理論の構築を目指した点では単なる活動家やアジテーターではなく、マルクス同様の理論家でもあった。しかしプルードンの経済理論は所詮マルクスとは比べ物にならない。まともな読解力の持ち主ならば、プルードンの経済学上の主著である『貧困の哲学』（1846年）が『資本論』よりも優れて経済現象の本質を説明しているなどとは見なさないだろう。

バクーニンに至ってはプルードンのように本格的な社会科学理論を構築しようという志自体がなく、その著作の基本線は、そうした社会システムがどのようなもので、どうすればそれが実現できるかという具体像を示すことなく、現行国家の即時破壊によって直ちに一切の支配の存在しない絶対的自由を実現できるというような、無責任な夢想を繰り返すに過ぎなかった。

こうしてマルクスの思想的ライバルとされた面々は実際には、理論的な面ではマルクスのまともな敵ではなかったのである。

ところが実際には、より精緻な議論をしていたマルクスが、だからと言って粗雑なアジテーションしかできなかったライバルたちに常に勝利していたとは限らず、むしろ後塵を拝することも多かった。正しいことを言った者が必ず勝つとは限らないのだ。

もっともマルクスにしても、労働者が彼の理論を簡単に理解できるとは考えておらず、啓蒙的な講演や著作活動によって自己の思想の核心を平易に労働者に伝えようと腐心していた。だからといって彼は、理論は伝わるような平易なものでありさえすればいいのだという妥協はしなかった。理論は活動の手段であるが、活動に役立てさえすればその内容の真実はどうでもいいということではない。むしろ理論がそれ自体として、適切に社会や歴史の実相を説明できるからこそ、それが実践の指標となると考えたのである。だからマルクスは『資本論』という、マルクスのように革命運動に従事することなく大学で講義するだけの職業学者の誰もが到達できないような高みに登り得たのである。

従ってマルクスからすれば「解釈すること」はどうでもいいような手段ではなく、それ自体が目的として追求されるものだし、実際にマルクスの生涯の主要部分は資本主義経済現象への解釈に費やされたのである。

マルクスは哲学を否定したか?

こうしてテーゼの文言はその表面的な印象とは異なり、理論を軽視し実践を重視するという反知性主義宣言ではない。

しかしもう一点、このテーゼには今度は哲学という学問への軽視が見られるのではないか、ここでマルクスは哲学を否定しているのではないかというようにも見える。この点はどうなのか？

そもそもこの第十一テーゼを含む「フォイエルバッハ（に関する）テーゼ」自体が、人間と社会の本質に対する哲学的洞察であり、一つの短い哲学論文となっている。哲学を否定する者が典型的に哲学的な議論を展開するのは滑稽なので、この事実だけでもマルクスが哲学それ自体を否定してないことは自明だが、しかしマルクスが哲学を否定しているという謬見は今でも根強く繰り返されている。

その最大の根拠とされるのが、『経済学批判』の「序言」にあるいわゆる「唯物史観の定式」で、この「フォイエルバッハ・テーゼ」直後に書かれた『ドイツ・イデオロギー』にて「哲学的意識を清算」したとされることである。しかし、旧著（『マルクス哲学入門』社会評論社、２０１８年、『マルクス疎外論の諸相』時潮社、２０１３年）で既に指摘した通りに、これは解釈者のバイアスによる誤読である。日本語で「哲学的意識」といえば大げさな話に聞こえるが、この箇所のドイツ語を普通に訳せば「我々のこれまでの哲学的良心の清算」になる。清算したのは哲学一般ではなく我々、つまりマルクスとエンゲルスが『ドイツ・イデオロギー』まで共有していた哲学的良心なのだ。

では哲学的良心とは何かだが、これは批判対象であるフォイエルバッハやシュティルナーのようなドイツ・イデオローグとそれまでのマルクスが共有していた哲学的な議論の作法になる。

かつてのマルクスもヘーゲル主義者だったのであり、マルクスと同じくヘーゲル主義者だったフォイエルバッハらヘーゲル左派と共通する哲学的な言葉遣いがここでいう哲学的良心の具体的内容である。その代表例は「類的本質」といった言葉である。

「人間の類的本質」というような典型的に哲学的な表現は『経済学・哲学草稿』では多用されるが、『ドイツ・イデオロギー』以降は自粛される。論敵と同じ表現を使うことにより、論敵と同じ理論水準であるような浅薄な読解をする批判者が後を絶たなかったからである。

「哲学的意識の清算」の実相

実際『ドイツ・イデオロギー』では、そこで論じられている理論的核心が既にマルクスの論考が収められた『独仏年誌』（1844年）で述べられていたという但し書きが繰り返されている。ここで『独仏年誌』というのはそれが実際に公刊された著作だからであり、ドイツ・イデオローグたちが実際に読み得たからである。後世の我々からすれば『経済学・哲学草稿』とそこで展開された疎外論を代入して理解しないといけない。どちらにせよ、ヘーゲルを継承するような哲学的な論文形式であるだけでその理論水準を低く見積もられてしまうことに、マルクスは強く注意するようになったということである。

こうした表面的読解による誤読への恐れはマルクスに終生付きまとった。ヘーゲル左派的論理と文体による社会主義論の展開である「真正社会主義」は、『資本論』の時点では既に過去の遺物になっていたが、プルードン主義をはじめとして哲学的ジャーゴンを経済学理論にまぶすような作風は、相変わらず盛んだったからである。マルクスには社会科学的分析の不足を哲学的思弁でごまかすような論者と常に混同される余地があり続けた。そのためマルクスは、『ドイツ・イデオロギー』以降に公刊された著作では哲学用語を用いることに慎重になったのである。

ところがマルクス自身は哲学を捨て去ったどころか、哲学用語を多用して哲学的な議論をすること自体も放棄していなかった。その証拠が『経済学批判要綱』をはじめとする『資本論』に向けての準備草稿である。『経済学批判』と『資本論』第一巻という、草稿を用いて実際に出版できた著書では哲学用語の使用や哲学的な思弁は抑制的になっているが、草稿では少しも抑制されずに、「疎外」のような典型的に哲学的な表現が多用されている。

これが意味するのは、マルクスは哲学一般を批判しているわけでも哲学的思考を放棄したわけでもないということである。ただ彼は、そうした理論を精緻化し易い哲学的作法がそのまま読み手に伝わるだろうという「良心的な考え」を、ドイツ・イデオローグとの論争の中で残念ながら捨てざるを得ないと痛感したということである。

これが「哲学的意識の清算」の実相である。それは哲学一般の放棄でも何でもなく、理論家としての良心から行っていた哲学的な言葉遣いがかえって誤解を与えるので、そうした哲学的用語、それはドイツ・イデオローグやプルードン主義者にはマルクスのように厳密な概念としてではなく「空語」として用いられていたのだが、マルクス自身もそうした空語を使っていると思われないために、哲学的な言葉遣いをあくまで表向きに禁欲するようになったということに過ぎない。

気持ちは若き日の古代哲学研究者のまま

事実問題として、マルクスが学問としての哲学そのものを否定したり、哲学を嫌悪したという直接的な文言も状況証拠もどこにもない。あるのはむしろ逆の事例である。

マルクスは若き日に古代原子論研究で「哲学博士」になったが、マルクスはこの呼称を終生愛用したし、周囲から哲学博士と呼ばれるだけではなく、哲学者と見なされることを拒否した形跡もない。勿論マルクスの主戦場は経済学なので、経済分析をないがしろにするような類と混同される意味で「哲学者」と呼ばれることは許さなかったはずだが、アダム・スミスが経済学者であるのみならず『道徳感情論』の著者として哲学者であるように、当時の慣例通りに経済学研究者である自分が広い意味で哲学者と呼ばれることをむしろ喜んでいた節が濃厚である。

また学問としての狭義の哲学に対しても、マルクスはこれを捨て去り嫌悪するどころではなかった。

1857年から58年といえばまさに『経済学批判要綱』の時期であり、マルクスが哲学論文を専らにしていた1843年頃とは幾星霜も経ているが、この時期にあってもマルクスが学問としての哲学を嫌悪してなどいないことが、丁度この時に出されたフェルディナント・ラッサールの大著『エフェソスの暗き人ヘラクレイトスの哲学』(1858年)に対するマルクスの態度から明らかになる。

ラッサールの本はヘーゲル主義の立場からする大部の哲学史研究であり、ヘラクレイトスに対する細かな文献解釈など、哲学に関心のない者には凡そ興味をひかれないだろう。もしマルクスが若き日と異なり哲学を否定し捨て去っていたのならば、まるでお呼びではなかったはずである。読む義務もないのに熟読はおろか通読すらしないだろう。

ところがマルクスはこの本を熟読吟味し、詳しい感想を残しているのである。マルクスはラッサールに対してはお世辞を言い労いつつも、その問題点を具体的に指摘している。特にそれが冗長であることをラッサール本人にはやんわりと、エンゲルスとのやり取りでは痛烈に批判している。ラッサールの著書は実に60ボーゲン(960頁)もある膨大なものだが、せいぜい二ボーゲンもあれば足るなどと揶揄している。この際マルクスはラッサールのヘラクレイトス解釈はヘーゲル哲学史に何も新しいものを付け加えていないと批判している。

果たしてこれが、「哲学を清算した」者の書くことだろうか? 流石に当時のマルクスは他の研究に忙しく、若き日のように古代哲学の研究書を多く読む暇はなかっただろうが、その気持ちは若き日の古代哲学研究者のままである。マルクスはラッサールに対して自分が最も好きなのはアリストテレスで、ヘラクレイトスはその次だといい、自らの原子論研究についても触れている。そしてラッサールに彼のデモクリトス解釈は同意できないと言っている。

「学問としての哲学を否定」した者が、細かい哲学史理解にこだわるのはおかしいではないか。マルクスがアリストテレスとヘラクレイトスを重視しているのは、前者が『資本論』で何度も引用されて重視されていることと、後者は『資本論』の方法論が唯物論的に改作されているとはいえ、なおヘーゲルから継承された弁証法であり、ヘラクレイトスはヘーゲルにより弁証法の古代的大家とされてるからだ。

哲学の役割を適切に位置付ける

こうした事実が意味するのは、マルクスが学問としての哲学を否定などしていないということでしかあり得ない。そして実際にマルクスは、アリストテレスやヘーゲルの哲学的遺産を自らの経済学理論に生かし、哲学を経済学の方法論的前提としている。

それだからマルクスは、ラッサールに対して弁証法をヘーゲルによって被っている神秘化から解き放つのが重要だと、後に『資本論』で強調される重要認識を伝え、エンゲルスには予め設えられた抽象的な体系を現実に機械的に適用するのではなく、現実に即しながら現実の弁証法的展開を取り出すのが重要だと伝えている。つまりマルクスからすればヘーゲルのエピゴーネンであるラッサールのヘラクレイトス論は、まさに弁証法の機械的適用なのだ。

こうしてマルクスは哲学を批判しているどころではない。それどころか哲学は、マルクスが現実社会を具体的に分析する中で、その現実に対する本質規定という形で前提されている。

従ってマルクスは哲学それ自体を批判しているのでも、哲学者という存在を否定しているわけでもない。何しろマルクスは疎外された労働生産物が資本に転化してそれが弁証法的に展開していく過程を『資本論』で説明しようとしたのである。資本の本質を疎外された生産物と見るのは明らかに疎外論という哲学的認識だし、弁証法は哲学的な方法論である。マルクスは哲学を否定しているどころか、哲学は彼の認識の前提であり、彼自身は明らかに自分を哲学とは関係のない「経済学者」などとは見なさずに、哲学者でもある経済学者だと認識していた。そしてこれは学問分化の進んだ今とは異なり、当時の知識人のあり方としては特に珍しいものでもなかったのである。

ではこのテーゼは何を言わんとしたかだが、もうお分かりだろうと思う。まさにすぐ前に扱った『経済学・哲学草稿』の考えられた共産主義と現実的な共産主義的実践の区別の重要性をより一般化した形で繰り返したということである。

そのためここでもまた批判されているのは実践的な社会変革運動と、運動のための指標となる理論活動の役割を適切に捉えられず、解釈それ自体が変革活動だと自惚れるような哲学者たちである。そのため念頭にあったのは明らかにブルーノ・バウアーのような啓蒙主義的なスタンスのヘーゲル左派哲学者であり、何よりも宗教の批判を重視したフォイエルバッハ及びフォイエルバッハ主義者のような哲学者である。

こうしてこのテーゼは、あくまで理論と実践の適切な関係に注意を促したものであり、そうした文脈の中で哲学の役割を適切に位置付けようとした試みである。哲学的な本質分析は重要だが、哲学それ自体が世の中を変えることはできない。

哲学がそれ自体として世の中を変えることができないなどというのは、現在の我々からは当たり前のようにも思えるが、当時のドイツでは真理にまで高められた自己意識によってこそ社会を変えることができるというような議論が普通に唱えられていたのであり、「世界を解釈する」ことこそが「世界を変えること」だという言説が大きく広がっていたのである。

マルクスは既にそうした言説に対する批判をこのテーゼの前に『聖家族』（１８４４年）等で行っていたが、ここで改めてもっと本格的にそうした観念論的思考を「イデオロギー」として批判しなければならないと考えたわけである。そのため、このテーゼに続けてマルクスはエンゲルスと共に実際に『ドイツ・イデオロギー』を執筆したのだが、残念ながら『ドイツ・イデオロギー』はマルクス生前にはその一部が発表されたに過ぎなかった。『ドイツ・イデオロギー』全体が刊行されたのは『経済学・哲学草稿』と共に１９３２年である。

マルクスを語るには『ドイツ・イデオロギー』と『経済学・哲学草稿』は必要不可欠である。

しかしこれらは実にマルクス没後50年近くも経ってやっと陽の目を見たのである。その意味でマルクス生前は元よりマルクス没後もずっとマルクスの実像を理解することは困難だった。このことはマルクス研究上重要な意味を持つが、研究書でない本書では示唆するに止めておきたい（『経済学・哲学草稿』の歴史的意義については拙著『初期マルクスの疎外論』の序章「『経済学・哲学草稿』と疎外論の運命」参照）。

10

人間の本質は社会的諸関係の総体である。

「フォイエルバッハ・テーゼ」

全体の文脈を無視して解釈されやすい一節

第六テーゼにあるこの言葉も、第十一テーゼほどでもなくともある程度は知られている。というよりも、第十一テーゼと異なりマルクスに興味のない人は殆ど耳にすることはないが、マルクスに興味を持っている場合、特にその哲学的側面に興味があるというような向きには極めて有名で、かつ重視もされている言葉だと思われる。というのは、ここでマルクスが、何やら新たな世界観のようなものを提起していると見なす人がいたりするからだ。

その手の人々の言うことには、これまでの哲学は物事の本質を実体として捉える「実体主義的な世界観」だったのだが、ここでマルクスが物事の本質を実体ならぬ関係だと見る「関係主義的な世界観」を提起しているのだという。さらにはそうした関係主義というのは旧来の哲学の認識論的前提それ自体をひっくり返すまでに画期的なのだとするような論者もいた。

しかしこうした理解は手前味噌な拡大解釈もいいところである。

そもそもそんな画期的な哲学を打ち出したのならば、なぜマルクスはそう明言しないのか。自分はこれまでの哲学者が見出し得なかった新たな哲学的真理を発見したとなぜ言わないのか？

確かにそうした明言を活字化したら、批判対象であるドイツ・イデオローグ同様の啓蒙主義的な哲学至上主義者だと誤解されてしまうかもしれないが、印刷して発表するのでなければ問題ない。だとしたら草稿の中で言わないのはなぜなのか。

最も合理的な理由は、マルクスには何か画期的な新たな哲学を生み出そうというような野心などないということである。マルクスが哲学に求めていたのは彼の経済学研究の視座となるような人間と社会観であって、新たな形而上学体系の類を作ることではなかった。彼はヘーゲルに学んでヘーゲルの理論を経済学研究に生かしたが、しかしヘーゲルのような壮大な体系的哲学を作ろうなどとは考えていなかったのである。

こうした妄想的な拡大解釈が生じるのも、「宗教は民衆のアヘン」同様に、言葉が含まれる全体の文脈を無視してそれだけを取り出して云々するからだ。この言葉もまた、文脈を踏まえなければ真意がつかめないのである。

実はこの言葉が含まれる第六テーゼは、全体としてはかなり長い。全部を引用すると次のようになる。

フォイエルバッハは宗教的本質を人間的本質の中に解消する。しかし人間的本質は個別的個人に含まれている抽象ではない。その本質においてそれは社会的諸関係の総体（アンサンブル）である。フォイエルバッハはこの現実的本質の批判を詳細に取り扱わないため、次のように強いられる。

1．歴史的展開を捨象し、宗教的信条それ自身を固定し、抽象的な――孤立した――人間的個人を前提すること。

2．本質はだから単なる〝類〟として、内的で、耳が聴こえず、多くの諸個人が自然に結び付いた普遍性として理解されることができてしまう。

そしてこうして全体を読めば、このテーゼが人間の本質一般を実体ならぬ関係だとする画期的な存在論を唱えようとしてというような大仰なものではないことが分かるだろう。ここで言われているのはフォイエルバッハに限らない観念論的な歴史観への批判である。そうした歴史観では人間の本質は超歴史的に不変なものとされ、諸個人間の相互作用によって変容していくようなものとして捉えられていない。こうした歴史のダイナミズムを捉えられない人間観を批判しているのである。

自然的な身体と、文化的歴史的な精神と

そのことはフォイエルバッハが人間的本質を「多くの諸個人が自然に結び付いた普遍性」だとしていることに対する批判に如実に表れている。

フォイエルバッハが人間の本質を精神だとしたヘーゲルに対して、人間とは何よりも自然身体だと強調したことについて、マルクスは『経済学・哲学草稿』でフォイエルバッハが正しく

唯物論的前提に立てたことを称賛している。しかしその唯物論は自然身体に注目したがために、人間存在の社会性と歴史性を忘却してしまった。

フォイエルバッハが宗教の本質を人間の本質に解消することによって宗教批判を行ったのはよいが、人間の本質もまた宗教の本質同様に超歴史的な普遍概念だとしてしまったことに問題点があった。それはどんな時と場所であれ、人間である限り同じ自然的身体であるという事実に根差している。

確かに一万年前の祖先も現在の我々もその身体構造は殆ど変わらない。この事実だけ見ればフォイエルバッハのように人間の本質は不変であるように思える。しかし普通に考えて一万年前と現在の我々はその社会や文化のあり方において全く異なる。その違いはそれこそ祖先も我々も同じ人間だという生物学的な連続性しか残らないほどのものだろう。当然その違いは人間の本質そのものにまで及んでいると見るべきだろう。

勿論時代を経ても変わらない部分に注目することも大事である。実際に我々の肉体は文明以前と同じ構造のままであり、日中は生きるために体を動かし続けなければならなかった原始時代と変わらない。そのため便利な文明生活によって直ちに運動不足となり、成人病のような文明病に冒される。いわば自然的身体が文明へ復讐しているかのようである。しかしそうした文化的存在だからこそ、人間の本質にもまた確かな可変性がある。

ということは、このテーゼでマルクスが言わんとすることは何か大それた存在論の類ではなく、人間を考えるにはその自然的肉体という唯物論的前提を確認するだけで甘んじず、同時に非自然的で文化的歴史的な精神的存在であるという面も見る必要があると言っているに過ぎない。その意味ではこのテーゼは、人間の本質を考える際には不変の自然的基礎と可変の文化的要素を共に勘案して、総合的な人間像を結ぶ必要があるという、ごく穏当な提言をしているに過ぎない。

しかし常識的で穏当であるからと言って、理論的に価値がないというわけではない。我々が望むべきなのは適切な理論であって、新奇や奇抜であること自体は目的とすべきではない。ここでマルクスは決して「西洋哲学史を一新」させるが如き奇抜な主張はしていないが、人間と社会について考える際に踏まえるべき有益な視座を提供している。画期的な新見解の類ではないが、確かに重要な理論が提示されているのである。

11

環境と教育の変化に関する唯物論的教説は、環境が人間によって変えられること、教育者自身が教育されなければいけないことを忘れている。

「フォイエルバッハ・テーゼ」

教育者自身も教育される必要がある

これは第三テーゼにある言葉だが、この言葉もまた第十一テーゼほどではないが、「教育者自身も教育される必要がある」という形で一般化されて、ある程度有名になっている言葉だと思われる。

ここで通例に従って「環境」と訳したが、環境という言葉は元々environmentの訳語であって、自然環境を指すのが一般的である。ドイツ語ではUmgebungやUmweltといった語が用いられる。しかしこのテーゼの場合はUmständeであり、Umstandの複数形である。そしてUmstandは一般的に、環境というよりも、事情、条件、状況といった形で訳される。しかもこの場合は複数形なので、ここで言われているのは自然環境ではなく、個々人を取り巻く諸条件のことを意味していると見るのが自然である。

では通例のように「環境」と訳すのが誤訳かというと、必ずしもそうではない。ここで言われている「諸条件」はいわゆる「生育環境」的な意味で使われているからだ。

ここでそうした教育と生育環境に関する教説が「唯物論的」とされていることと、そもそもがフォイエルバッハに関するテーゼであることから、直接にはフォイエルバッハを批判しているはずであるが、このテーゼを読んだ同時代人や後世の我々も、ここでなされているのはフォイエルバッハというよりもむしろロバート・オーウェンにぴったり当てはまる批判だと印象付けられるだろう。実際このテーゼを世に出したエンゲルスも、はっきりとオーウェンに関連付けている。

資本主義はブルジョアが支配する社会であり、ブルジョアは旧時代の貴族のように生まれもっての優位性は強調しなくなった。そうはいうものの、やはり競争に勝って成功する少数は、負けて貧乏に甘んじる多数よりも元から優秀なのだという、旧時代的な偏見は捨て去ることはなかった。

こうしたこともあって平等を志向する社会主義者は、勢い優勝劣敗はあくまで本人の資質ではなく、後天的な諸条件、特に教育の結果なことを強調しがちであった。問題はその強調が過度に過ぎた点にある。確かに人格形成において後天的な教育は重要だが、それが全てではない。しかしオーウェンはあたかも教育が全てであるかのように言った。「人間の性格はただ一つの例外もなく、常に環境によって形成される」と。そして性格を形成する思想と習慣は専ら外部から与えられるものだとして、「人間はそれゆえに、自分で自分の性格を形成したことはないし、形成しうることは、永久にありえない」とした。こうした考えに基づいてオーウェンは幼児教育の決定的な重要性を説き、自らの経営する工場でも当時一般的だった児童労働を廃し、労働者の子弟に適切な教育を与えられるように腐心した。

こうしたオーウェンの思想と実践は、身分制社会に対する反対運動として重要であり、その良心的な取り組みは大いに称えられるべきだが、批判が勢い余って反対方向に極端化し過ぎてしまっている。

人間は環境によって作られ、環境もまた人間によって作られる

人格形成にあって外的環境は重要であり、幼児教育の意義は強調すべきだが、そうした後天的要素が全てを決するというのは、事実からは程遠い。人間はただ受動的に外から受け取るだけではなく、自らも新たに作り出す。教育というのはそうした相互的な過程であり、またそうした過程であるべきだろう。

言うまでもなくこうした「氏か育ちか」という議論は今も昔も盛んである。オーウェンやマルクスの時代は今のように分子生物学的に遺伝のメカニズムが考究されるということはなく、科学的な知識は決定的に不足していたのだが、それでも経験的観察に基いて性格形成における先天的要素と後天的要素の兼ね合いについて議論がなされていた。そして導かれるべき結論は科学的知識が不足していた当時も、遺伝のメカニズムがかなり分かってきた現在も同じである。後天的教育は重要ではあるが、決してそれが全てではないし、先天的な天才も適切な教育が施されなければその才能を開花させることは難しいということである。

これは一言でいえば、誰しもその人にふさわしい教育環境が与えられるべきだということである。個人が何をどこまでできるかの大枠は生まれ持った資質である程度は規定されている。

これは知的にも肉体的にも所与の前提である。筋肉には瞬発力に富んだ速筋である白筋と持久力のある遅筋である赤筋があるが、その比率は生まれつき決まっているとされる。トレーニングによってそれぞれを発達させることができるが、大枠を変えることはできない。一流の短距離選手とマラソン選手は明らか異なった体つきをしていて、同一人物が両方をかなえることはできない。なぜなら一流の短距離選手になるには人より多くの割合で白筋がなければならず、マラソン選手には逆に赤筋が必要だからである。一流の短距離選手になれる資質があるのに長距離走ばかりさせるのは不適切なトレーニングであるのは、マラソンに適しているのにスプリントばかりさせるのと同じである。

知的な領域も同様であって、人間には向き不向きがある。それぞれに適した教育によって生まれ持った資質を伸ばすのが望ましいのである。全てが生まれで決まることもなければ、教育による外的な注入によって思うままに形成できるということもない。

これはつまり、人間は外的条件に大きく規定されつつも専ら受動的に影響を受けるだけの存在ではなく、先天的な要素に代表されるような様々な制約の中にありながらも、自らを能動的に形成することができる主体だということである。まさに人間は環境によって作られるだけでなく、環境も人間自身によって作られるのだということである。

12

古い唯物論の立場はブルジョア社会である。新しい唯物論の立場は人間的社会あるいは社会的な人間性である。

「フォイエルバッハ・テーゼ」

資本主義というブルジョアが支配する社会

先に強調したように、11あるフォイエルバッハに関するテーゼの内、最後の第十一テーゼだけがその真意が誤解される形で人口に膾炙し続けている。しかしこれらのテーゼの内容からすれば、実はここで掲げた第十テーゼこそが全体の結論となるテーゼであり、第十一テーゼはこの結論から出てくる自然な帰結という位置付けになる。

従ってこのテーゼこそが「フォイエルバッハ・テーゼ」全体の中で最も重要な理論のはずなのだが、殆どの読者にとってここで言われていることを正確に理解することはできないだろう。

一読して分かる通り、言葉そのものは難しくない。ドイツ語の原文も翻訳も、取り立てて難渋というわけではない。強いて挙げるならば、「ブルジョア社会」の原語がdie bürgerliche Gesellschaftなことぐらいだろうか。ご存じの読者も多いと思うが、ドイツ語では「ブルジョア」も等しくBürgerであって、殊更に区別されていない。これは輸入元であるフランス語では「ブルジョア」と「シトワイヤン」が区別されていることとの対比でドイツの後進性の現れだとよく議論されてきた。ただこれは図らずもドイツ語が物事の実態を指し示していると見ることもできる。

例えばドイツ語で暴力はGewalt（ゲバルト）だが、この言葉は権力も意味する。つまり権力の源泉にして最終根拠は国家が有する暴力装置に由来するというように、権力というものの実態を図らずも指し示しているわけである。同じように上品で教養ある市民もその実態は階級としてのブルジョアジーであり、階級的分断をいったん棚に上げて市民としての平等な人間関係を標榜する市民社会も、資本主義というブルジョアが支配する社会だという実態を、ドイツ語が図らずも反映していると見ることもできる。

そうして見ると、先ずはここに掲げたテーゼの前半の意味が明確になる。「古い唯物論」とは旧来の克服されるべき唯物論であり、直接的にはフォイエルバッハ及びフォイエルバッハに影響を受けたドイツ・イデオローグの思想ということになろうが、間接的には唯物論一般までもが含意されているはずである。フォイエルバッハに限らず、これまでの唯物論一般が、結局はその提唱者が属する社会の経済的土台に照応し、その土台を正当化するイデオロギーの役割を果たしていたということである。

古い唯物論者の理論的限界

キリスト教が支配秩序である西欧社会において、霊的原理を否定する唯物論は当然のように反体制的な位置に来ざるをえなかった。フォイエルバッハもしかりである。そのため唯物論者は概して、彼や彼女の主観においては伝統的な秩序に反旗を翻す革新的な意識をもっているのが普通だった。しかしそうした唯物論者に対して、マルクスはその根本的な理論的限界を指摘

12　古い唯物論の立場はブルジョア社会である。…「フォイエルバッハ・テーゼ」

している。これまでの唯物論者の問題設定が専ら精神か物質かという抽象的次元の問いに留まり続けていたため、唯物論を現実の生活のあり方の根本的な視座にまで敷衍することができなかったからである。精神に対して物質を優先するという正しい立場から必然的に導き出されるはずの、人間の物質的生活過程が人間の精神的生活過程を規定するという唯物史観の立場に、フォイエルバッハを含めたこれまでの唯物論者は至らなかった。そのため旧来の唯物論者は正しく批判的な観点であるはずの唯物論の立場にありながらも、自らの社会を追認するという保守的なイデオロギーに加担せざるを得なくなっていた。

それが古い唯物論の立場はブルジョア社会ということの含意である。マルクスもフォイエルバッハも資本主義というブルジョア社会の中で等しく唯物論者として思索していながらも、ブルジョア社会を超える原理を模索したマルクスに対してフォイエルバッハは図らずもブルジョア社会を擁護するイデオロギーになってしまっていることを、マルクスは批判しているわけである。

そしてここから後半の言葉の意味を分かるようになる。

マルクスの新しい唯物論は旧来の唯物論と異なりブルジョア社会を超える原理であり、それが「人間的社会」や「社会的な人間性」だということである。これはつまり、マルクスが理想として目指すのが、「人間的社会」や「社会的な人間性」だということだ。

このことから、ここで形容されている「人間的」や「社会的」での人間と社会という概念は、通常の使用法とは異なることが分かる。概念が指し示すのは普通、現に事実として存在する対象だからである。「人間」という概念は普通、現実に存在する個々人とその集合体としての人類を意味し、社会はそうした人間の集団や人間が形作る制度やシステムを意味する。つまり通常の使用法では概念は、現にある事実を説明するための記述的概念としてある。

「人間的社会」と「社会的な人間性」

これに対して件の人間や社会は現にある事実ではない。むしろ今現在に存在しないからこそ、未来において実現されるべき理想を意味している。つまりここでは概念は事実を説明するための記述的概念ではなく、事実が目指すべき理想的な価値を指し示す規範的概念である。

だから「人間的社会」とは人間的な社会であり、人間にふさわしい社会という意味になる。同じように「社会的な人間性」というのも、人間にふさわしい理想的な人間性を意図している。そのためここでいわれている社会は単に人間が社会的であるという事実を言わんとしているのではなく、今はまだないが未来において実現されるべき社会、そうした社会においてこそ実現される人間性を言わんとしている。その意味では、この「社会的な人間性」は「共産主義的な人間性」と言い換えられる。なぜなら共産主義こそがマルクスが理想として追い求めた社会だからである。

こうしてマルクスは概念を記述的であるだけではなく規範的にも用いて、文脈に応じて適宜使い分けている、こうした用法は我々の日常生活でも時たま使われる。例えば「彼は男の中の男だ」という言い方がなされたりする。この言葉で言い表されている思想内容自体は女性差別的な含みがあり、首肯し難いところがあるが、何を言わんとしているかは分かるだろう。男という言葉をただ記述的概念としてだけ見たら、ここで言っていることは無意味な同義反復になってしまう。しかし「男の中の男」の最初の男は男性の集合を示す記述的概念であり、最後の男は規範的概念だと読めば、有意味になる。つまり「男の中の男」というのは男という集合に含まれる個々の男が実現すべき男としての規範を実現しているような男ということであり、そういう規範的概念だからこそ「彼は男の中の男だ」というのが褒め言葉として機能するということである。

真理とは概念の自己実現

マルクスがこうした概念の規範的用法を積極的に用いたのは、直接的にはヘーゲルの影響である。

概念とは真理を把握するための思考形式だが、真理はヘーゲルによれば表層と深層の二重の意味がある。

表層的な意味での真理とは、概念の意味内容と概念が指示する対象との一致である。これに対して真理の深い意味とは、概念が実現すべき対象それ自体である。

例えば国家という概念である。ヘーゲルは国家を人間の共同性の最高の形式だとした。このため国家には表層的な意味の他に真実の深い意味がある。表面的な意味での国家とは現にある共同体のあり方を指す。このため表面的な意味での国家の真偽は、概念が意味する対象が国家の形式的な意味と合致しているかによって判定される。例えば「日本は国家である」は真だが、「東京は国家である」というのは偽である。そしてこうした表面的な意味での真偽は、概念の意味と概念が示す対象との形式的な一致不一致関係でしかない。

これに対して深い意味での真理は、概念の自己実現になる。「日本は国家である」というのは表面的な真だが、「日本は真の国家だ」というのは、深い意味での真になる。この場合、日本という国は国家という概念が実現すべき理想を実現しているからである。つまり深い意味での概念は、「真の国家」という場合に国家によって担わされるような規範的な意味を指し示すものとしての規範的概念である。

マルクスはヘーゲルと異なり国家を重視しなかったため国家を規範的概念として用いることはなかったが、人間や社会はヘーゲルにとっての国家のように重んじられるべき概念と見ていた。そのためマルクスは人間や社会の概念を通常の表面的な意味の他に、ヘーゲル同様に「真の人間」や「真の社会」というような規範的な意味を示す規範的概念としても用いていたということである。

こうして、克服されるべき古い唯物論が拠って立つのは批判され告発されるべき資本主義たるブルジョア社会である。このためフォイエルバッハを代表とするこれまでの唯物論は図らずも体制維持のためのイデオロギーとなってしまっていた。これに対して哲学のイデオロギー性に対する自覚の上に立ったマルクスの「新しい唯物論」は、規範的な意味での人間と社会を実現するための思想的武器である。そして規範として望まれる社会は共産主義であり、望ましい人間はブルジョア社会のように分断された個ではなく、理想的に組織化された、すなわち共産主義となった社会であり、共産主義的な人間としての社会化された人間性である。

こうしてこの第十テーゼこそ、このフォイエルバッハに関するテーゼ全体の結論であり、マルクス自身の哲学的理念それ自体を端的に示すものとなっているのである。

13

人間的自己疎外としての私的所有の積極的止揚としての共産主義、それゆえ人間による人間のための人間的本質の現実的獲得としての共産主義、それだから完全な、意識された、そしてこれまでの発展の全成果の内部で生まれて来た、一つの社会的な、すなわち人間的人間としての自分自身への人間の帰還としての共産主義。

『経済学・哲学草稿』

人間による人間のための人間的本質の現実的獲得

マルクスは概念を通常の使用法として記述的に用いるだけではなく、文脈に応じて規範的にも用いているという事実を最も典型的に表している一文と言える。

先ずこの文章の内容を云々する以前に、一体どれだけの読者がここで言われていることを理解できるだろうか？　何やらやたらと「人間」という言葉が繰り返されるだけで、言わんとすることが不明瞭にして内容も希薄な、空疎な哲学的思弁の類だというような印象を抱く読者は少なくないのではないいだろうか。

最初の節までは誰でも理解できるだろう。それはここで言わんとするのが共産主義のことで、その共産主義というのが「私的所有の積極的止揚」であり、そうした私的所有というのは人間の自己疎外なのだという。ということはここでいう共産主義とは人間の自己疎外の積極的止揚過程としてあるような社会だということになる。

実際にこの文章は『経済学・哲学草稿』で共産主義を類型化する議論の文脈で出てくる。この箇所でマルクスは共産主義に対するよくある歪んだイメージを「粗野な共産主義」として類型化しつつ批判を行っている。この「粗野な共産主義」については『99％のためのマルクス入門』で詳論したのでここでは繰り返さないが、こうした否定的な共産主義類型を批判することで導かれるのがマルクス自身の目指す共産主義であり、それがここにいう人間の自己疎外の積極的止揚過程としての共産主義ということになる。

ここまでは問題ないと思うが、すぐ続く文章で直ちに混乱させられる。自己疎外の止揚過程は分かるが、そうした共産主義が同時に「人間による人間のための人間的本質の現実的獲得」なのだという。一体なぜ人間という概念がこうも繰り返されるのだろうか？　ただくどくなるだけではないか。

そう思うのももっともで、それは人間という概念を専ら記述的にのみ見ているからである。記述的概念としての人間は現に存在している人間である、こうした意味でのみ人間概念を捉えると「人間による人間の獲得」というような文章が意味をなさないことになる。

しかし我々は「人間による人間の獲得」という一節を見て、無意味な同義反復ではなく、何かしら意味のあることを言っているような印象を抱く。それは同じ人間という言葉でも、最初の言葉と次にくる言葉の意味が異なるのではないかという予感を抱くからだ。

実際この文章は無意味な繰り返しではなく、意味のある積極的提言である。それはこの一節で使われている「人間」は、記述的のみならず規範的にも使われているからである。最初に出てくる人間は記述的なのに対して、次に出てくる人間は規範的である。このため「人間による人間の獲得」という文章は現に存在する人間がまだ存在しないが存在すべき人間を獲得すべきだということであり、人間が自らにとって望ましい人間性を実現すべきだという倫理的提言ということである。

意識されない受動性と意識された能動性の対比

こうした認識を踏まえて改めて「人間による人間のための人間的本質の現実的獲得」を解釈するとどうなるか。

先ず冒頭の人間が現にある人間を示す記述的概念であることは予測できるが、以降の人間概念は不確かである。むしろこの後の人間概念はなべて規範的なものと見たほうがいいのではないか。そうするとこの文章は意味的には、（現にある）人間による（あるべき）人間のための（あるべき）人間的本質の現実的獲得ということになろう。ただし二番目の人間は現にある人間としても意味が通る。しかし「人間的本質」の人間は、明らかに現在は存在しないが未来において実現されるべき人間であり、規範的概念としての人間である。

そうすると次の「それだから完全な、意識された、そしてこれまでの発展の全成果の内部で生まれて来た」はどうなるか？

まずここで言われていることが未来の理想を示す規範的な内容ではなくて、そうした規範を提起する前提としてのこれまでの歴史的経過を言わんとしていることは明瞭だろう。その上で、完全な意識されたというのは、不完全で意識されていないことの反対の事態を言おうとしている。つまり共産主義を実現する運動は成り行きのままに任せれば成功するような実践ではなくて、完全に意識化された能動的実践だということだ。

ここにいう意識されない受動性と意識された能動性の対比は、この『経済学・哲学草稿』から『ドイツ・イデオロギー』に受け継がれて、『ドイツ・イデオロギー』の中心理論である「自然成長性（Naturwüchsigkeit）」批判に受け継がれる。生産力の自然成長性を疎外された生産力の本質とした上で、生産力をコントロールできる社会として共産主義を想定するのが、『ドイツ・イデオロギー』で提起された唯物史観の核心になる（この論点についてはこれまでの拙著、特に『マルクス哲学入門』、『マルクス疎外論の諸相』を参照）。

そして「これまでの発展の全成果の内部で生まれて来た」は比較的分かり易いだろう。共産主義的変革運動が歴史的前提条件に基いてのみ可能だということであり、これまたすぐ後の『ドイツ・イデオロギー』で生産力の発展として具体化されることになる。

以上の前半部分の解釈を踏まえれば、後半の「一つの社会的な、すなわち人間的人間としての自分自身への人間の帰還としての共産主義」も理解可能になるだろう。つまり前半がこれまでの歴史という記述的概念の次元での説明であったのに対して、後半はこれからの理想を示す規範的な立論だということである。前半で示された歴史条件に基いた、目指されるべき理想である。

そのため「一つの社会的な、すなわち人間的人間としての自分自身への人間の帰還としての共産主義」の社会と人間が規範的概念であることは明確だろう。

「社会的な」の社会は、「人間は社会的存在である」という場合の社会とは異なる。この場合は人間の存在論的本質を示しているのであり、この場合の社会は記述的概念である。これに対してここでの社会は目指されるべき社会であり、規範的概念としての社会である。当然「人間的人間」も概念の規範的な使用法になる。

人間のあるべき姿を取り戻す意味での「帰還」

ここで気を付けなければいけないのは、共産主義が「帰還」とされていることだろう。この表現は直接的にはヘーゲル論理学での使用法を踏襲していて、物事が本来あるべきところに収まるというような程度の意味になる。まだ不完全で、あるべきところではないところに留まっている状態から完全になって本来の姿になった時、本当はそこにいるべきところに帰ってきたに等しいので、「帰還」なのである。

こうしてみるとマルクスのこの文章も、あるべき人間性をまだ実現し得ていない不完全な状態から完全に自己を実現し、あるべき本来のあり方に戻れたという意味で帰還と言っていることが分かるだろう。

こうして読めば特に何の問題もないのだが、この「帰還」という表現にこだわってこれを否定的に見ようとする人々がいる。これらの批判者はこうした帰還という表現から、ここでマルクスが何か原初の失われた理想郷に回帰するかのような、ユダヤ教的救済思想に類似したものを抱いているのではないか、こうした疑似宗教的観念が、マルクスの思考にある非合理性を表しているのではないかというような批判を展開したりしている。

しかしこの手の批判は夜郎自大の類である。自らが持っている問題意識をマルクスも共有しているに違いないと、勝手に妄想しているのである。

そしてこうした妄想的解釈に共通しているのは、概念の規範的側面を見ていないことである。既に詳しく見たように、マルクスが本来の人間性に帰還するという場合、この人間概念は規範的であり、現にある人間を指しているのではない。だからそうした人間性に帰還すると言ってもどこかにある本来的な人間性なるものに立ち戻ったり、そうした原初的な人間性を取り戻すというような話ではない。現にはないが未来においてあるべき人間性を実現して、人間のあるべき姿を取り戻すという意味での帰還である。だからここにいう人間の本来性というのは過去に存在していたものではない。

しかし概念を一律に記述的にしか読めないと、本来ある人間性というのを失われた完全性みたいなものだと思い込んでしまう。そうするとそれは「失われた千年王国」のような宗教的表象と重なり合ってしまう。ここからマルクスの思考には宗教に通じる非合理性があるなどという「批判」がまことしやかに説かれたりしてしまうのである。

概念を規範的に使う

しかしこの手の解釈は、マルクスが概念を記述的にのみならず規範的にも使っていることを理解できないことからくる、単純な理解不足に過ぎない。

こうして説明すれば、マルクスが人間や社会といった概念を規範的概念としても使っていたということが明確になるだろう。そうしてこうした概念の使用法というのは我々の日常的な言語表現とも対応しており、何も奇異なところがないはずである。

ところがこれまでのマルクス研究の世界ではこうした規範概念の問題が一部を除いてまともに理解されず、『経済学・哲学草稿』の重要表現がくどくて空虚な繰り返しにしか見えなかったのである。そしてこうした初歩的な誤解から、マルクスに潜む宗教的思考の残滓の類を勝手に発見したと喜ぶおっちょこちょいな解釈者を少なくない数で輩出したりもしていた。

こうした理由から、マルクスが概念を記述的のみならず規範的にも用いていることを理解するのは決定的に重要な前提になるということが分かるだろう。何しろこの前提がなければ今ここで取り上げている初期マルクスのテーゼも内容空虚な繰り返しに見えてしまうからだ。そして実際これまでの解釈者の多くがこの『経済学・哲学草稿』の重要文章の真意がつかめなかったのである。だからこそ初期マルクスが理解できなかったこれまでの解釈者の多くが自分たちを棚に上げて、若き「マルクスの未熟さ」をあげつらってきたのである。しかしそれはまさに夜郎自大というものだった。

このように、マルクスの文章、特に初期マルクスを代表する『経済学・哲学草稿』を理解するためには、概念の規範的使用という論点を前提として踏まえないといけないのである。

14

食べ、飲み、そして産む等々もなるほどまた真正な人間的機能である。しかし、それらを他の人間的活動の範囲から切り離してそれだけを究極にして唯一の最終目的としてしまうような抽象化においては、これらの人間的機能は動物的である。

『経済学・哲学草稿』

唯物史観の出発点となる大前提

マルクスは唯物論者であり、その理論的前提は人間社会に対する唯物論的把握としての唯物史観である。そのため唯物史観の出発点となる大前提は、人間が物質的身体であり、物質的身体である限りで人間は自然の上位に立つ霊的な存在といったものではなく、それ自体が自然的存在だという事実である。

こうした自然的身体である人間は、その存在の基本条件を他の動物と共有している。それは動物の普遍的条件である栄養摂取や生殖といった活動が、人間にとっても生存の基本条件だということである。

このため唯物論的観点からの人間考察では、マルクスの直接的先行者であるフォイエルバッハがそうであるように、ここでマルクスが言うような食べたり飲んだりといった物質的身体次元での基本条件が重視される。実際にフォイエルバッハには人間はその食べるところのものであるという言葉が残されている。

このため、唯物史観を最初に提起したとされる『ドイツ・イデオロギー』でも、人間の物質的生活の再生産という観点が繰り返し強調されている。

しかし『ドイツ・イデオロギー』ではそうした唯物論的前提を軽視しがちなイデオローグの批判に重点が置かれているせいか、逆に人間の精神的側面の重要性が十分に強調されていない面があるのは否めない。

なるほど食べたり飲んだりといった物質的生活が何よりも重要な前提になるというのは間違いない。「衣食足りて礼節を知る」というのが普遍的な真理だろう。どんな綺麗事も物質的貧困の前には空虚な逃げ口上にしかならない。人間社会でまず何よりも大事なのは安全な衣食住が保障されることである。貧困と戦争の恐怖に苦しめられないことが何よりも大切なのだ。

だからと言って、食べたり飲んだりということが、人間が目指すべき最終目標ということでもないだろう。ここでいう食べたり飲んだりというのは、美食や美酒を追求するということではなく、通常の食事ができるという程度の話のはずである。そうした生存に必要な要素が人間にとって最終目標に据えられるのはおかしい。「衣食足りて礼節を知る」がそうであるように、衣食は最終目的ではなく、礼節を知るための手段なのである。マルクスが求める共産主義も、そこにおいて人間性が十全に開花できる社会的条件として想定されているのであって、ただ腹が満たされることを最終目的とはしていない。

その意味でこの言葉は、マルクス及び唯物論者一般に対して浴びせられがちな非難を予め封じようとしているともいえる。唯物論というのは精神的存在である人間の本質を理解することのできない低俗な思想であり、ただただ物質的に富裕であることのみを目的とした堕落した教説なのだという偏見である。

マルクスも逃れられなかった人間中心的偏見

こうした俗見の一面性をまさにマルクスの言葉は暴き立てているのだが、困ったことにマルクスの後継者を自任する少なくない人々が、まさに敵対する観念論陣営から非難される物質主義こそが唯物論の真骨頂であるかのように吹聴していた。

マルクスがはっきりと言っているように、物質的生活は人間の基本条件という意味では間違いなく人間的な条件ではあるが、それは人間が目指すべき真の人間的価値では有り得ない。物質的生活は人間的価値実現のための前提条件であって、物質的富裕それ自体は人間にとっての最終目的にはなり得ないのである。金持ちになって思うままに消費生活が送れることが最終目的だというのでは、それこそマルクスが批判するブルジョア的価値観そのものである。物質的要素はあくまで前提条件なのであって、目指されるべき目標は高い精神性である。この限りでは唯物論と観念論の差はないのである。

しかしこうしたマルクス自身のごく常識的な観点は唯物論への歪んだ理解によって否定され、むしろマルクスの批判する物質的富裕がマルクス主義者の目指す最終目標であるかの曲解が少なくなかったのである。

実際ソ連のイデオローグはかつて、資本主義諸国民が一部の富裕者のみに与えている豊かな消費生活を全人民に与えられることこそが共産主義の目的であるかのようなプロパガンダを行っていた。まさに唯物論がタダモノ的な物質主義へと曲解されていたのである。

こうした物質的豊かさの徒な強調は、マルクス自身の思想と相容れないのみならず、環境危機の現在には全く魅力のない旧時代的な願望にしか映らないだろう。

こうしてこのマルクスの言葉は唯物論に対する通俗的偏見をただすという理論的価値があるが、残念ながらマルクスも逃れ得なかった根深いもう一つの偏見が表明されてもいる。それは人間の価値を動物との対比の上で称えていることである。これは人間をただ人間であるというだけで動物よりも価値があると見なす人間中心主義的偏見で、こうした人間中心主義に基づいて動物を不当に扱う種差別が今日まで続く誤った常識として、動物及び地球環境にも大きな悪影響を与え続けている。キリスト教を背景に持つこうした人間中心主義は、その主流がキリスト教に親和的な観念論で形成されてきた西洋哲学史にも言わずもがなの大前提として共有されてきた。

マルクスははっきりとしたキリスト教批判者で唯物論者であるにもかかわらず、なお人間中心主義という面では批判者同様の誤謬を免れなかったのである（詳しくは『はじめての動物倫理学』第六章「マルクスの動物と環境観」参照）。

人間性を称揚し人間性を高めようとすること自体には何の問題もないが、動物と比べて動物を低める必要はないのである。しかし人間は自然界における自らの独自な地位を、自分たちと類似しているがしかし確かに自分たちとは違う存在としての動物と対比させることによって確かめ続けてきたし、今も確かめ続けている。

唯物論者は元来、人間もまた物質的身体という面では他の動物と変わりないことを強調するべきはずだが、肝心の人間自身に対する価値判断の次元では、観念論同様に人間中心主義的偏見に囚われがちだった。こうした根深い否定的な傾向に、マルクスもはまり込んでいた。

言うまでもなくこのことから、マルクスの理論的有効性それ自体を否定すべきだという話にはならない。マルクスもまた時代の子として、誰もが逃れ得なかった偏見に囚われていたに過ぎないからである。こうした事実から言うべきことは、我々はマルクスを無謬の聖典のように扱うべきではなく、マルクス自身が常に心掛けていたように容赦ない批判的吟味に晒して、是々非々でその生けるところを摂取するべきだということである。

15

人間の解剖はサルの解剖のための鍵である。

『経済学批判要綱』

疎外論の縦横無尽な展開

『経済学批判要綱』の中にある言葉だが、この言葉があるのは『経済学批判要綱』の冒頭に「序説」としてまとめられた箇所である。

『経済学批判要綱』は1859年に出版された『経済学批判』のために1857年から58年にかけて執筆された準備草稿だが、マルクス生前には発表されず、没後かなり経ってスターリン時代の1939年に出版された。出版当時は殆ど注目されず、一般に知られるようになったのは1953年にマルクス主義原典のソ連共産党公認出版社であるディーツ社から出てからである。それでもなお、この草稿の独自の価値は、マルクス主義者にも研究者にも全くと言っていいぐらい理解されなかった。

この草稿の最も重要な意義は、マルクスの哲学である疎外論が、『経済学批判』や『資本論』のように一見して分かり難い表現に隠されることなく、あけすけな筆致で縦横無尽に展開されていることである。そのため、この草稿は『経済学・哲学草稿』と同じような受容のされ方をした。

『経済学・哲学草稿』は1932年に発表された当時に一部の人々に注目されはしたが、この著作にふさわしいようにマルクス解釈の刷新を広くマルクス研究の世界にもたらすことはなかった。『経済学・哲学草稿』が一般に読まれるようになったのは1960年代に入って英訳が出てからである。

同じように『経済学批判要綱』もディーツ版によって入手が容易になった1950年代になっても大きな反響を巻き起こすことはなかった。この草稿がセンセーションを引き起こしたのも1970年代になって英訳が出てからである。丁度この時期は英語圏のみならず我が国でもマルクスと疎外論をめぐる論争が盛んになっていて、マルクスが後の著作で若き日の疎外論を放棄したかどうか、マルクスの思想的核心は疎外論にあるのかどうかというマルクス解釈上の最重要問題が大いに議論されていた。

こうした疎外論論争に決着を付けたのが事実上この『経済学批判要綱』になる。この草稿によって、マルクスの疎外論が初期著作のみのものでないことが、通常の読解力のある者には自明になったからである。

こうして『経済学批判要綱』はマルクス研究上で特別な位置を占める草稿だが、問題の言葉がある「序説」はこうした疎外を巡るマルクス解釈上の文脈とは別に、明らかに重要な文書であると、マルクス生前から広く認識されていた。

それというのも、この序説のことが『経済学批判』の「序言」で明記されていたからである。『経済学批判』の本文はその主要内容の多くが『資本論』に吸収されてしまったために読まれることが少ないが、これに対して「序言」はマルクスの全著作中で最もよく読まれている一つである。言うまでもなくその中で「唯物史観の定式」が展開されているからだが、この有名な

「序言」の中でマルクスは、以前書いておいた一般的「序説」は敢えてこれを印刷に付さないと断りを入れている。その理由は十分に述べられていないので忖度する他ないが、経済の本質という結論を無前提に与えられると無用な誤解を与えるからという話ではないかと思われる。

経済の本質とは生産である

では必要な前提とは何かだが、それはここでは「個別的なものから登っていく」とだけしかなくて、実はまさに「序説」を読まなければ分からないことになっている。

その前提とは「序説」で展開された、後に「上向法」と呼ばれるようになった方法で、マルクスによって経済学の適切な方法論とされたものである。

その詳細を省いて結論だけを言えば、経済を解明するには一見それが適切なように思える複雑で具体的な現実をいきなり説明するのではなく、具体的な経済現象の認識を踏まえつつ、当該社会の経済を構成する最も基本的で単純な要素から始めて、段々と具体的な全体に近づくような説明が、経済現象への適切な叙述の仕方だということである。

マルクスが問題にしているのは資本主義であり、資本主義の最も単純な構成要素は商品である。そのため最初の章は商品になり、次に貨幣と移ってゆくのである。

つまりマルクスは、経済の本質を理解するためには、読者にいきなり結論を端的に提示するのは不適切で、商品から始まる体系的な叙述に辛抱強く付き合わなければならないと言っているわけである。『資本論』が最初に結論を述べなかったことにより必要以上に難解になってしまったことを既に強調したが、その原因が、自らの提起した上向法に忠実だったからということになる。

ここから逆に、敢えて公開しなかった「序説」にこそ、経済の本質が端的に論じられていることが分かる。

そうした「序説」でマルクスが出発点に置くのは生産である。つまり経済の本質とは生産であり、何がどう作られるかがその経済の基本性格を決める。そして経済は社会の土台なのだから、結局は生産のあり方がその社会の基本性格を規定する。こうして「序説」の認識は「序言」での唯物史観の定式へと接続するのである。

『資本論』が商品で始まるため、読者としては商品こそが経済における最も基本的で普遍的なカテゴリーであるかのような印象を与えられるが、それはあくまで資本主義でのことである。資本主義以前も以降も経済活動はあり続け、原始的な社会も共産主義社会も共に商品は存在しないか若しくは経済の重要な構成要素ではなくなっている。交換は基本的に共同体間で行われるため、共同体内部で経済が完結している原始的な状態では商品は発生しない。逆に資本主義を乗り越えた共産主義では、資本主義的な商品経済は止揚されている。

こうして歴史的に特殊な商品に対して、生産は歴史的に遍在している。それだから生産こそが経済の本質にして、最も基礎的なカテゴリーとなる。

経済活動の本質は変わるし、変えられる

しかしそうすると疑問が生じないだろうか？ 普通の意味での生産は工業生産物が典型的なように原始時代から人間社会に遍在するとはいえないのではないか。少なくとも農業開始以前には生産はなかったのではないかと。

人類の歴史はどの地点から始まるかというのは確定するのが難しい問題だが、どの説を取ってみても、人類の歴史の大半は狩猟採集を生活の基盤としていたのは疑いない。つまり農業はずっと後の発明であって、その意味では人類は普通の意味での生産活動を行うまでの長い間、一般的は生産とは呼ばれない経済活動に従事していたわけである。だとすると生産が経済の本質であるというマルクスの規定は不適切ということにもなりそうである。

こうした反論を予想していたからかは分からないが、マルクスは生産を非常に広い意味で捉えている。つまり生産とは人間による自然のAneignungなのだと。

既に述べたようにAneignungはマルクスの基本概念の一つで、対象をしっかりと我がものとすることである。つまり自然から何かを取り出してしっかりと取得できれば、それはもうAneignungなわけである。従って狩猟は元より採集もこれに該当する。つまりマルクスの生産概念

は通常の用法より広く用いられるのであって、こうした広い意味では生産は確かに人間の普遍的な経済活動と言える。

このように、狩猟採集された物も含めた広い意味での生産物を商品に転化させる交換ではなく、生産こそが経済の主要契機であり、社会の土台が経済であることから、社会の基本性格を規定するのが生産の具体的なあり方である生産様式になるわけである。

この際、マルクスが生産様式と言って交換様式と言わなかった理論的射程は、経済活動のあり方というのは基本的に歴史的なものであり、その本質は変わるものだし変えることができるものだという確信にある。

こうした経済のあり方の歴史的可変性を強調する意図としては当然にも、この反対方向の学説への批判が込められている。そしてそうしたマルクス反対方向の経済理論こそが、マルクス存命当時は勿論のこと、今現在も主流な経済観になっている。生産のあり方は歴史的に不変で人為的に変えることはできず、変えられるのは分配の方式だけだという見方である。

例えばJ・S・ミルは、現行の経済は社会主義的なあり方に取って代わらざるを得ないという正しい展望を抱いていたが、やはり生産は自然的所与なので、社会主義の実現は専ら分配の変更の問題として理解している。

確かに社会主義の原則は「公正な分配」なので、分配のあり方を変えなければ社会主義は実現できない。しかし分配は生産の副次的契機として生産に規定されるというのがマルクスの基本的な経済観である。そのためそれ自体が労働力の搾取に基づく資本主義的な生産のあり方を変えなければ、社会主義が求める公正な分配は画餅に終わる。真に分配の公正さを実現するためには分配に先立つ生産のあり方を変えなければならない。それだからマルクスの経済理論は「生産様式」論にならざるを得なかったのである。

近代ブルジョア社会とそれ以前の社会

先にも述べたようにこの『経済学批判要綱』の「序説」でマルクスは経済の基本構造を、生産に始まり分配と交換という流通過程を媒介して消費に終わる円環構造だとした。そしてこの四契機の中での主要契機である生産が他の契機の去就を規定するので、経済の基本性格は分配様式での交換様式でもはたまた消費様式でもなく、生産様式である他は無くなるわけだ。

従って社会主義もまたミルのように資本主義的な生産様式のままで分配を是正することによって得られる理想状態ではなく、それ自体が一つの生産様式として、「社会主義的生産様式」である他はない。その基本は資本主義と異なる生産のあり方であり、労働力の搾取に基かない生産過程である。当然それは搾取が原因となって発生する資本とその人格化である資本家のいない社会であり、労働者自身が生産の主体となった社会である。

こうして「人間の解剖はサルの解剖のための鍵である」という言葉が含まれる「序説」は、

マルクス自身が言うとおりに彼の経済理論の方法論的前提が要約されている。そのためこの言葉も、経済学の望ましい方法論を明確にするためになされる説明の途上で出てくる。

この言葉もまたマルクス研究者には馴染み深いが、一般的には知られていない言葉だと思われる。ただこの言葉も最近、これを表題にした吉川浩満氏の好著（『人間の解剖はサルの解剖のための鍵である　増補新版』ちくま文庫、２０２２年。初版２０１８年）が出たお陰で、読書界では以前よりも有名になっているのではないかと思う。

吉川氏の本では文字通りサルと人間の関係というか、進化論や生物学の議論が中心になっているが、オリジナルのマルクスの場合は、近代ブルジョア社会とそれ以前の社会とを対比する文脈で出てくる。

この「序説」では生産こそが経済の主要契機であることが強調されるが、生産とはまた労働でもある。そして労働は人間生活の前提なので、どの時代のどの社会にも遍在していたはずである。ところがマルクスによると、こうした遍在する様々な具体的な労働のあり方を「労働一般」という抽象として概念化し得るにはアダム・スミスの段階まで待つ必要があったのだという。スミス以前の重金主義では富は貨幣そのものとしてのみ表象され、富の源泉という観点がなかった。これに対して重商主義では富の源泉を商業活動として貨幣とは別のものに見た。これは重金主義に対する進歩だったが、重商主義では富の源泉を労働と見ることはできなかった。富の源泉を正しく労働に見たのは重農主義だったが、重農主義者の考える労働は農業生産であって、労働一般ではなかった。

こうした先人たちに対してスミスは商業活動でも農業労働でもない単なる労働という抽象を提起するという大きな進歩を成した。この単なる労働という抽象概念に到達するのがいかに困難であったかということはマルクスによれば、当のスミスでさえも重農主義的残滓を完全には払しょくできなかったことに表れているのだという。そして労働一般という正しいカテゴリー化を成し得たスミスの労働概念も、実はそのモデルは「過去の対象化された労働」としての資本主義的労働に過ぎず、本当に必要なレベルでの労働概念の抽象化はできなかったのである。

遡行的に見降ろすことで全体を把握する

言うまでもなくそうした抽象概念としての労働の概念化は『資本論』の「労働過程論」として具現化されたのだが、マルクスからすればまさに、自らによって経済学の歴史上で初めて本当の意味での抽象的な労働一般の理論が確立されたという自負があるだろう。

そしてマルクスが労働一般という抽象に託して言いたいことは、「最も普遍的な抽象は、一般にただ、ある一つのものが多くのものに共通に、全てが共通に現れるような、最も豊富で具体的な発展においてのみ成立する」ということである。

マルクスが同時代的に観察している労働は資本主義の労働であり、過去の時代の労働に対して複雑に発展した労働である。そうした歴史的に発展した段階を経ることによって初めて、各時代を貫く労働の普遍的性質を捉えることができる前提が生じるというわけだ。

ただしそうした発展段階になれば誰でも正しい抽象が可能となるというわけでもない。実際スミスはマルクスに先立って資本主義的な労働を目の当たりにしたにもかかわらず、正しい形で労働一般を抽象化できなかった。スミスが陥ったのはいわゆる「ロビンソン幻想」である。ロビンソン・クルーソーは孤島に漂着して原始的な生活を送ることを余儀なくされたが、彼は全くの自立化した個人として、物事をてきぱきとこなすことができた。

しかしロビンソンのような人間像は近代社会に特有な個人像である。近代社会において人間は基本的に「自立した個人」であることが前提で、家族や共同体から独立に存立できる個人であることが人間の本源的なあり方だと広く観念されるようになってきた。それだからロビンソンは一人ぼっちでも困難を乗り越えることができたのである。

しかしこうしたロビンソン的個人はまさに近代社会特有の「ブルジョア的人間像」である。実際には人間は歴史を遡れば遡るほど共同体に埋没した存在として現れるのであって、「社会的動物」として社会の中でのみ生存できる存在なのである。

ここから社会以前の自然状態を想定するような社会契約論がもう一つのロビンソン幻想なことが示唆されるが、スミスの想定する労働一般も、労働と商業活動を混同視するというブルジョア・イデオロギーとしての歪みが生じていたということである。

そこで必要なのは、資本主義的な発展によって複雑化することによってこそつかめることになった経済の本質を、スミスのようにブルジョア・イデオロギーに囚われない形で正しく認識することである。これがマルクスの求める経済認識の方法である。

こうしてブルジョア社会が歴史的に最も発展した社会であるからこそ、この社会の分析を視座にして、各歴史段階での社会発展のあり方が解明でき、それによって人間社会と社会の土台である経済の本質が正しく認識できるのである。

こうした社会認識の歴史的前提条件と、発展段階から遡行的に見降ろすことによってこそ全体が把握できるという適切な認識方向の指標をマルクスは、「人間の解剖はサルの解剖のための鍵である」という言葉で言い表したのである。

マルクスにとっては彼が生きるブルジョア社会こそが最も多様で発展した社会形式になる。それだからブルジョア社会の中には既に滅びた社会の断片が含まれている。それら旧社会の遺物のある物は完全に克服されて消え去っていて、ある物はまだ克服されずに命脈を保ち続けていたりする。それだから完成された現在を研究することによってこそ、不完全な過去の実相を理解できるというわけである。

解剖したり実験したりする生物は人間に対して下等とされるものだというのが常識のはずだが、むしろ高等な人間を解剖することによって下等なサルを理解することになるのだというマルクスの言葉は逆説的だが、人間や社会を認識するための一つの有益な方法論の示唆だと言えよう。

直線的な発展史観ではないか？

とはいうものの、この言葉の背景にあるマルクスの考えの幾つかには、今日的時点からすれば素直に疑問を感じざるを得ない。先ずは人間社会の捉え方として、いささか直線的な発展至上史観の嫌いがあるようにも見える。

確かに社会の発展はある。どの社会でも全て価値は等しいというような社会的相対主義は一面的である。まさにマルクスが最も強調した生産力には、明らかに発達と未発達の差がある。そして生産力の発展した社会は、低生産力社会よりも望ましいと考えるのが自然だし、当然でもある。

環境破壊の深刻な現在では文明の過度の発展が危惧されているが、しかし文明状態を未開状態よりも悪いなどというのは、無責任な放言である。蛇口を捻れば安全な水が出てくる生活よりも川まで水を汲みに行かなければならない生活のほうが「人間らしい」とか「素朴な豊かさがある」などと嘯く者の殆どは、実際には便利な文明生活に浸っているし、それを手放す気などないのだ。

この意味で、我々の望む理想社会はマルクス同様に資本主義とは異なる文明であって、文明それ自体を放棄して原始時代に逆戻りするという話では有り得ない。

しかしこうした前提を承認しつつも、マルクスの場合にはあたかも社会の全要素が低次から高次に発展して行くものであるか如きの物言いが見られる。これは勇み足なのではないか。こうした過剰気味の発展史観にはそれこそ、万物を弁証法的運動の相に配置しようとしたヘーゲル歴史哲学の残滓があるのかも知れない。

人間中心主義的な偏見

しかしながら、ここでもっと深刻なのは別の問題である。マルクスもまた、他の大多数と同様に、伝統的な瑕疵である人間中心主義的偏見に囚われているということである。これは明らかにマルクスの歴史的限界でもある。この瑕疵はマルクスの著作中の随所に見られるが、ここの箇所はそうした誤りの典型例となっている。

マルクスは明らかにサルと人間を区別して、サルを人間よりも低次で下等な存在と見なしている。

マルクスはキリスト教徒でもヘーゲル及び西洋の大多数の哲学者がそうであったようなキリスト教に根差した観念論者でもなく、むしろキリスト教に批判的な唯物論者だが、やはりこれまたフォイエルバッハをはじめとしたキリスト教批判の唯物論者同様に、この点ではキリスト教徒と観念論者同様の人間中心主義的偏見に囚われていたのである。

確かにマルクスは人間が社会的存在であることを「社会的動物」と表して、人間と動物との連続性を強調している。この点では人間が動物とは全く異なる霊的存在であることを強調するキリスト教的で観念論的な潮流に対するアドバンテージがある。しかしそうした人間の動物性に正しく注目するマルクスにあっても、その主眼は人間の動物としての側面を強調し、人間が他の動物、まさにサルというか類人猿との同質性を明確化することにあるのではない。むしろ反対に、人間は確かに動物ではあるが、しかし人間は他の動物とは異なった優れて独自な動物であることの強調にあった。

言うまでもなくその代表的記述は『資本論』の「労働過程論」に見られるもので、人間は生産の目的を予め脳裏に描いて労働できるという点で、他の動物とは根本的に違う優れた存在なのだという人間讃歌である。

人間が優れた存在であり、優れた存在としての人間性を高らかに謳い上げるのはいいが、そのために人間以外の動物を貶める必要はなかった。しかしキリスト教文化圏のみならず広く人類社会一般に蔓延している人間独自論法を、人間の価値を高め擁護するために動物を出汁に使うという語り口をマルクスもまた共有してしまっている。

こうした人間独自論法で対比される動物は労働過程論での蜂のように昆虫である場合もあるが、多くは人間に近いと思われている動物、まさにサルと言われる類人猿が典型である。

チンパンジーやゴリラは人間に似ているが明らかに人間と違う、人間は彼等とは隔絶した卓越した存在であるというのが、マルクスも囚われていた伝統的な人間中心主義的偏見である。しかし現在の生物学では類人猿は人間とは別種の存在ではなく、人間もその中に含む形で分類されている。

現生人類ホモ・サピエンス・サピエンスはヒト科ヒト亜科ヒト族ヒト亜族ヒト属ヒト種に分類されるが、ヒト科というのは類人猿全体を指し、ヒト族はヒト亜族とチンパンジー亜族に分かれる。つまり生物学上の分類では人間とは類人猿であるサルと異なるものではなく、チンパンジーの親戚であるサルの一種ということになる。

こうした生物学上の事実が示唆するのは、人間とサルは本質的に違うという伝統的な前提が旧時代的な偏見と判断せざるを得なくなっているという現実である。

しかしこうした旧時代的な偏見は今に至るも、人間の人間以外の動物への不当な扱いの思想的背景になっている。

動物もまた自由を求め、自己実現を希求する

マルクスと共に我々が望むのは資本主義を乗り越えた新社会であり、資本主義が追求する利潤のために労働力が搾取されない経済のあり方である。しかしマルクスがその搾取を批判した

労働力は人間だけのもので、人間以外の存在は勘定に入っていなかった。

だが搾取が批判すべき悪ならば、批判の対象を人間にのみ限定するのはおかしかろう。搾取が悪であるのは、搾取される存在が苦痛を与えられ、自由な自己実現を妨げられるからである。労働する人間は苦痛や快楽を感じ、自由を求め自己実現を希求する。しかし動物もそうではないのか？

確かに動物と人間には違いがある。動物が求める自由や自己実現は人間のように高度なものではない。人間が求める自由は物理的に身体が拘束されないだけの自由ではない。人間的な自己実現とは、正当な理由がなく苦痛が与えられたり、ましてや殺されたりしないだけのことではない。しかしそうした人間が求める高度な権利は、動物が必要とする権利とすら言えないほどの基本的な生存条件を当然の大前提とする。

動物とはまさに、人間ならば当たり前すぎてその侵害が問題にならないほどの基本的な権利が保護されることによって、十分に自由な自己実現ができるような存在である。

狭いところに閉じ込めて不自然な食料を与えて運動不足にして肥え太らせ、自然寿命よりも遥かに短くその生を遮断するなどということを人間が人間自身に行うなどとは考えられないが、これは人間が畜産動物に対して普通に行っていることである。つまり人間は、同じ人間に対しては搾取の悪を大いに自覚し、もし搾取が事実ならばこれを批判して無くすべきだという正しい直観を共有できたのに対して、動物に対してはこの共感を広く一般常識レベルにまで拡張することをなしえていないのである。

搾取が悪いという規範が人間限定では普遍化しているのは、資本主義擁護勢力も搾取は悪くないなどと開き直らないことからも明らかである。資本主義を擁護する者は押しなべて、そもそも資本主義では搾取など起きてないというのである。マルクスが言う通りに労働者は搾取されて痛めつけられているが、それでもいいのだなどと開き直ったりはしない。そんな言い方では説得力を持ちえないからだ。

これに対して動物の場合は事情が異なる。肉をはじめとする動物性食品を作ったり動物実験を行うためには、人間が動物を好き勝手に扱えることが前提である。勿論ある程度はそうした動物も配慮される。畜産動物も実験動物も必要以上の苦痛を与えられてはいけないという動物福祉的観点は、現在では広がりつつある。しかしそもそも動物を人間の一方的な都合で利用していいという大前提自体は、世間一般的にはまだまだ常識であり続けている。人間は奴隷にしてはいけないという観念は常識化したが、動物は人間では禁止された丸ごと売買の対象であり続けているし、畜産動物や実験動物は人間の一方的な都合で搾取され続けている。

マルクスの時代的限界でもある

皮膚の色素が多いだけで個人を抑圧するような人種差別の不当性を常識化できた人類も、人間でないというだけで苦痛を感じ拘束を嫌がる存在を隷属させる種差別はまだ常識とされるには程遠い位置にいる。しかし差別が悪いのならば、差別の範囲を人間だけで限定する合理的な理由はなく、種差別も等しく批判され克服されるべきである。

現象の次元では単に賃金を与えて労働者を「正当な報酬」で働かせているだけに見える資本主義に対して、「労働力の搾取」という隠れた本質を暴いたマルクスの慧眼はしかし、同じように搾取されている動物には閉ざされていた。これはマルクスもまた人間中心主義という伝統的偏見を共有してしまっていたからであり、致し方ない時代的限界である。

しかし今日にあってマルクスの精神を継承するならば、マルクスの時代的限界を突き破って先に進まないといけない。マルクスの搾取批判を人間社会に限定することなく、動物にまで拡張する必要がある。社会主義が搾取のない社会ならば、動物搾取もあってはならないのだ。

この意味で、サルと人間を対比させて経済認識の正しい方法論を提示し得たマルクスは、なお当然のようにサルを人間よりも下等な存在と見なすような種差別的偏見に冒されていると批判されなければならない。

しかしこの批判は当然マルクスを否定して捨て去ることでもマルクス主義を放棄することでもなく、マルクスその人の時代的限界を克服する形でマルクス主義を現代的にアップデートする試みの一環として意識して行われるべきものである。

16

困難はギリシアの芸術や叙事詩がある種の社会的発展形式に結び付いているのを理解することの内にあるのではない。困難はそれが我々に今なお芸術的享受を与え、そしてある確かな点で規範及び到達できない手本として通用することである。

『経済学批判要綱』

芸術は単純に進歩史観では語れない

この言葉も『経済学批判』の「序説」にある言葉だが、この言葉もまたマルクス研究者や読者には周知だが、一般には知られていない言葉ではないかと思う。ただ知名度の点ではサルの解剖の言葉よりも若干上かも知れない。

この言葉は未完に終わった「序説」の最後のあたりで出てくる言葉で、これ自体が興味深い洞察であること以上に、この言葉に続く文章の流れが詩的なまでに見事なことでも知られている。それはこういう文章である。

大人は二度と再び子供にはなれず、あるいは彼は子供のようになるのである。しかし子供の無邪気さは大人を喜ばせ、そして大人は再びより高い段階で子供の真実（Wahrheit）を再生産するように努めなければならないのではないか？　子供の本性の中にはどの時代でもその時代固有の性格がその自然の真実（Naturwahrheit）において蘇るのではないか？　人類が最も美しく花開く歴史的幼年期は二度と帰ってこない段階として、永遠の魅惑を与えるべきではないのだろうか？

大人は二度と子供にはなれないが、子供の無邪気さは大人を喜ばせるというこの言葉もまた、マルクスの名言の一つだろう。ただし子供の中に永遠の美を見出そうとする着眼点自体はシラーの『素朴文学と情感文学について』（1795〜96年）に見られるもので、明示はされていないがマルクスの念頭にあったのは間違いないと思われる。

ここで子供とされているのが古代ギリシア人で、大人とされているのがマルクスの時代の人々である。ここだけ取ると単純な進歩史観でしかないようだが、マルクスの主眼はむしろ芸術が単純に進歩史観では語れないことの強調にある。

この「序説」（Einleitung）ではなく『経済学批判』の「序言」（Vorwort）でマルクスは芸術をイデオロギー的上部構造を構成する要素に数え上げたが、上部構造は土台である生産関係に規定され、特定の生産様式の中でその領域ごとに経済と同じ生産の論理に従う。経済において物質的財が生産されて流通し、最終的には消費されるように、芸術もまた各生産様式の枠内で芸術家によって生産され、資本主義では主として商品として流通し、それぞれ芸術作品の形式で消費される。

例えば音楽一つとってみても、その生産は元より流通の仕方や消費のされ方も同じ生産様式内部でも大きく異なっている。しかしその基本性格はやはり生産力発展のあり方に大きく規定される。

芸術も生産力に規定される

マルクスの時代にはまだ録音技術が普及していなかったので音楽消費は主に生演奏を視聴するというやり方だったが、現在では録音されたコンテンツを聴くというのが普通である。それも3分程度しか録音できなかったSPからLPレコードになり、CDが開発されてデジタル録音時代になった。そして今やCDもマニアックなものとなって、ネット上のストリーミング配信が音楽消費の主要形式になっている。勿論これらの流れとは別にラジオによるオンエアも続いているが、いずれにせよ流される音楽はライブではなくて既に録音されている音源が一般的である。

こうして芸術も上部構造として土台によってその在り方が規定され、土台は生産力によって主要に規定されるため、その時代ごとの生産力水準によって芸術のあり方も規定される。実際音楽という文化は取り分けて顕著に生産力の影響を受け、その存在のあり方を大きく変えてきた。そして他のジャンルの芸術も多かれ少なかれこうした時代的変遷を経てきている。

唯物史観からすれば人間社会の段階にははっきりと高低がある。それは生産力が基準となるからで、生産力の高い社会は低い社会よりも客観的に発展した社会ということになる。

こうした見方自体は、唯物史観を支持するしないに関係なく、常識化されたありふれたものである。文明の発展した社会はそうでないよりも進んだ社会であり、利便性が向上しているという意味で好ましさが増したと見ることは常識だし、またこうした常識は価値的にも適切である。総体として見れば文明社会は原始社会よりも望ましく価値が高いものである。なぜなら文明こそ現在の我々が前提的に享受している安全な生活を与えるものだからである。

文明以前の生活を称賛するような人々も病気になれば薬を飲むし、手術も受けよう。しかし医療技術こそが文明進歩の代表的な指標なのだ。文明発展に伴う医学の進歩があったからこそ、平均寿命が80歳を超える現在がある。文明を否定することは近代的な医療を否定することで、そうなると平均余命が二十歳未満の前近代社会に戻る。既に得られた長寿社会を放棄し、短命社会を真剣に望むのは正気を失っている。

こうして生産力に基く文明発展という観点からは、人間社会にははっきりと進歩があり、総体としては漸次的に社会は改善されていると言える。こうした前提の上で、資本主義より進歩した文明として社会主義が希求されるのは、マルクスも我々の時代も同じだし、変えるべきではないし変えることもできないだろう。

しかし社会全体として進歩や発展が言えても、社会を構成する個々の要素を取り出すと必ずしも簡単ではないことが分かる。そうした発展の不均衡さを示す代表例としてマルクスは芸術に注意を促しているわけである。

16　困難はギリシアの芸術や叙事詩がある種の社会的発展形式…『経済学批判要綱』

音楽に進歩史観は当てはまらない

再び音楽を考えてみても、生産力の発展のように進歩を単純に言うことはできない。いわゆる「クラシック」音楽と「ポピュラー」音楽を比べて、ポピュラー音楽は後世のものだからクラシックよりもレベルが高いなどという人はいないし、実際にそんなことはない。かといって音楽は古いものが新しいものより優れているとも言えない。同じクラシックでもバッハとベートーヴェンはバッハのほうが古いから優れているとも言えないし、逆にベートーヴェンは新しくて音楽理論的に一層複雑だから優れているとも言えないだろう。

確かに音楽にあっても理論的な深化や技術発展に伴う楽器性能の向上もある。ピアノはチェンバロに比べて明らかにテクノロジー的に進化しており、チェンバロが出せない細かい音の強弱が出せるようになっている。だからといってチェンバロは時代遅れだからもはや不要で、チェンバロしかなかった時代に作られた曲もピアノで弾けばいいということにはならないだろう（といってもかつてはこうした考えも一定の支持を得ていて、ピアノによる代替演奏は盛んに行われていた。だが今日ではチェンバロ曲はチェンバロで演奏するのが普通だし、しかも楽器自体も当時の物や当時と同じような音が出る物を使った復古的演奏が好まれている）。

ピアノを使った音楽はチェンバロによる音楽よりも音楽理論的に複雑になっているかも知れないが、だからといってピアノ曲が原理的にチェンバロ曲よりも優れているというのは、余りに素朴な進歩主義だろう。

実際にピアノ曲もチェンバロ曲もそれぞれの良さがあり、どちらも優れた芸術として鑑賞されるべきものである。エレキギターはアコースティックギターより優れても劣ってもおらず、音楽ジャンルや曲の特性に応じて楽しむべきものだろう。

古代ギリシアは生産力的には未熟な世界だが、それにもかかわらずその芸術は高い完成の域に達している。こうした評価はマルクスならずとも頷ける一般的なものだと思うが、マルクスが直接影響を受け、強く念頭にあるのはヘーゲル美学である。

ヘーゲルは歴史を精神の発展史として捉えた。精神は生産力のような客観的な指標を見出し難いものだ。だがヘーゲルは人間の本質を精神だと見る。しかしそうした人間の本質及び社会の全体を示すような指標を発展の指標としてしまうと、結果的に後の時代は前の時代よりも総体として優れているという、比較的単純な進歩史観に帰着してしまう。

実際こうした進歩史観はヘーゲル時代の近代ヨーロッパでは特に奇異なものではなく、むしろ標準的な観点だと言える。その意味でヘーゲルは当時の常識を踏襲していた面があるが、こうした精神進歩史観の雛形になっているのは、彼の哲学史理解だろう。

哲学はヘーゲルにあっては真理を把握するための思考形式なので、哲学の歴史はそのまま人間精神の発展史になる。後の学説は前の学説を否定的に保存する。つまりアウフヘーベンされるのである。そのため原理的に語り手であるヘーゲル自身の哲学が最も進んだ哲学となる。

マルクスの芸術観に対するヘーゲルの影響

こうした認識は大いに疑問ではあるが、それでもまだ言えないこともなかろう。哲学や哲学に限らず学問というのは先行知識が後にアップデートされて進化するという面があるからだ。しかし芸術の場合は定かではない。

ヘーゲルは美の源泉を自然に見出したカントとは対照的に、人為的な芸術美こそが本来の美だとした。美は精神の一つのあり方であり、概念の次元で真理を把握する哲学に対して、芸術は美という主として感性の領域に関わる精神現象の真理に対峙する営みだという。このため芸術にもやはり人間精神の発展史が反映されるはずで、ヘーゲルは基本的に後世の芸術を前世よりも優れたものと評価するスタンスを崩さない。

とはいえ、芸術は具体的で多様なので、ジャンルごとにそれぞれの発展段階が異なり、どの分野の芸術も一律に発展史的に捉えるのは難しいとした。例えば彫像のような芸術は明快な肉体美を賛美した古代ギリシア文化によく対応するとして、ペイディアスに代表される作品群に古典的な完成を見出している。それに対して後の時代の芸術では人類の認識の深化に照応して、取り分け文学作品に進歩を見出している。ヘーゲルが特に高く評価する作家はシェイクスピアで、彼の同時代の同国人であるゲーテにも称賛を惜しまなかった。

マルクスにとってもヘーゲルと同じくシェイクスピアやゲーテは親しく評価する代表で、

『資本論』をはじめとした多くの著作で引用され、シェイクスピアに至っては家族全員で大いに愛好して、朗読し合っていたという。

こうしてマルクスの芸術観に対するヘーゲルの影響は顕著であるが、マルクスの場合はヘーゲルのように精神それ自体の発展ではなく、土台である経済活動の発展の中に、しかし単純な発展史観で測れない含みを持たせているという違いがある。それはつまり、経済活動の中心である生産のあり方に、美や芸術の本源があるということである。

社会全体の実体的中心は常に個々の労働過程であり、労働過程それ自身はどの生産様式であってもその基本性格を変えない。そのため、人間にとっての美の根拠は労働過程であり、労働過程が普遍的な活動である以上は論理必然的に、どの時代のどのような労働の中にも内包されている要素が、人間にとっての美の本源ということになる。

労働における美的要素

それにしてもこれは、我々が実際に行う労働の実態とは、余りにもかけ離れているのではないか。労働の中には確かに美的センスが求められ、まさに美的センスこそが最も重要な要素になる労働もある。デザイン関係などは典型だろう。建築設計も実用性のみならず多かれ少なかれ美的要素が求められる。しかし世の中の大部分の仕事はこうしたものではなく、美的でも何

16 困難はギリシアの芸術や叙事詩がある種の社会的発展形式…『経済学批判要綱』

でもない作業の繰り返しにしか思えない仕事も少なくない。これはどう考えたらいいのか。

先ずは労働における美的要素という場合の美は、かなり広い意味で捉えることができるのではないか。絵画や作曲、それにデザインのような狭義の芸術と言えるような活動のみならず、その遂行に創意工夫が要求されるような労働、いわゆる「創造的＝クリエイティヴ」な労働という意味にまで敷衍すれば、美的活動と言えるような労働の種類はかなり広がるはずである。

それでもなお、クリエイティヴには程遠い労働も数多く存在する事実は否定できない。決まりきった作業を延々と繰り返すような労働は現に存在するし、そうした労働に従事する労働者の数も決して少ないとは言えない。しかしそれだからこそ、そうしたマニュアル労働は労働者に持続的な苦痛を与えがちな作業として可能な限り機械で代替したり、できるだけ労働時間を短く、こまめに休憩を挟むなどして、労働者の精神と肉体を疲弊させないものに変えていく必要がある。

だが資本主義とはそうした労働者の切実な願いを一顧だにしないことを本性とする経済体制である。単純作業を機械に代替するのは労働者を思いやってではなく、そうしたほうがコスト的に有利だからに過ぎない。大規模な設備投資はそれに見合うだけの儲けを前提とする。機械化がコストを下げるのならば労働を代替するために機械が導入されるが、設備投資が割に合わないと判断される場合は機械でできる作業も人手で行われる。

もっとも、機械が導入されたからといって労働が軽減されるとは限らない。むしろ資本主義で起こるのは通常は逆の事態である。人手よりも早く効率的に作業する機械が導入されれば、人間にはなるべく機械に近づくように旧来より以上の効率化とスピードアップが求められる。つまり機械の導入は労働者を解放するどころか労働者の労働を旧来よりも一層よそよそしくする疎外を深化させる労働強化に帰結するのである。

この意味でも、労働が美的であることが重要なのが明確になる。美的でない労働は機械的なマニュアル労働であり、人間性を高めるのではなく疎外する傾向を有する。美的な労働はこれに対してクリエイティヴな活動であり、人間的な自己実現を促す。

この意味で狭義の芸術というのは、疎外されない労働において人間が発揮する創造性を特定のメディアを通して感性的に表現する活動と言えなくもない。

旧来のマルクス主義の芸術理解では上部構造としての芸術が土台である経済のあり方を反映するという面が過度に強調されて、芸術においてもブルジョア的であるかプロレタリア的であるかの別を意識することの重要性が強調されていた。しかしマルクスは明らかに社会主義的でも共産主義的でもない古代芸術の素朴なよさの由来を説いているのである。芸術がむしろ階級帰属性の希薄な、時代の刻印を比較的帯びにくいイデオロギーだということを強調しているわけだ。

芸術とは疎外されない人間性を発揮するメディア

この意味で、芸術というのはイデオロギーでありながらも歴史を貫くような普遍的性格があることが重視されているように見える。それは芸術の根拠が労働であり、労働過程は生産様式によって特殊化される前提として、それ自体は普遍的で不変的な人間活動であることに由来する。

つまり人間はいつの時代であっても疎外されない創造的な活動を実現できることを希求しており、芸術というのはその時代ごとの諸条件に規定されつつ、疎外されない人間性を発揮しようとするメディアとして機能していたのではないか。

もしそうだとすれば、古代芸術作品が時として現代芸術作品よりも大きな感動を呼び起こす謎も説明が付く。つまり芸術はイデオロギーであっても普遍的性格が強く、その時代ごとの諸条件の中で芸術家が人間らしい創造的性格を遺憾なく発揮できた結果として、時代を超えた感動を与えるのではないかということだ。

もし芸術があくまで歴史的に特殊なものであるならば、生産力の発展した後の時代の作品が以前のものよりも原理的に優れているということになる。資本主義時代の芸術はブルジョア・イデオロギーとして資本の論理を体現しブルジョア体制を擁護することが主要機能で、社会主義の芸術は社会主義建設のためにあるという話にもなる。

実際にソ連ではスターリン時代に自らの社会を社会主義だと自己規定した上で、この体制を擁護するプロパガンダとなるような芸術表現を「社会主義リアリズム」として推進したのだった。しかしこれは余りにも一面的な芸術理解であり、芸術家の多面的な想像力を一面化して萎縮させる抑圧的な方針だった。

確かに芸術に体制擁護イデオロギーとしての面があるのは間違いないだろう。しかしそれのみが芸術ではないのは、道徳がイデオロギーでありながら、その本義が時代を超えた普遍的な規範の提起にあることと同じである（イデオロギーとしての道徳の意味については『99％のためのマルクス入門』参照）。むしろ芸術の独自な価値は、それぞれの時代に制約されながらも、時代を超える普遍的な価値を体現できるメディアであるというのが、古代芸術の偉大さに心を馳せるマルクスの芸術観の基本性格なのではないだろうか。

17

人間は美の法則に従っても形作る。

『経済学・哲学草稿』

労働で発揮される創造性が芸術活動の源泉

マルクスは美学者ではないので、美や芸術それ自体についてのまとまった論考は物さなかった。しかし後の時代に「マルクス主義美学」という形で、マルクスの精神を継承する意図で体系的な美学理論の構築が目指された。しかしその実態は、芸術のイデオロギー性を過剰に強調しつつ旧来の芸術を「ブルジョア芸術」として批判し、これに新たな「プロレタリア芸術」を対置するというのが主要な理論傾向だった。

そこで称揚されるプロレタリア芸術というのは具体的には、基本的に写実性を重んじて社会主義社会での労働や文化のあり方を主要モチーフにして積極的肯定的に描くという「社会主義リアリズム」が望ましい芸術表現のあり方だとされた。こうした社会主義リアリズムがスターリン時代に喧伝されたことに象徴されるように、その実際的目的はソ連を筆頭とする現実社会主義の美化であり、芸術表現の領域での現実社会主義正当化のプロパガンダだった。

現実社会主義礼賛芸術が、「全てを疑え」をモットーとしたマルクスその人の精神性を少しも反映していないのはともかくとして、こうした旧来のマルクス主義的な芸術論が、古代ギリシア芸術の超時代的な普遍性に心を寄せるマルクスの芸術観にそぐわないのは先に見た通りである。

むしろ芸術はイデオロギーの中でもその時代的特殊性以上に歴史超越的な普遍性を思わせる

ところに特徴があるというのがマルクスの注意点だった。

それは芸術がイデオロギーであり、イデオロギーが土台である経済の論理に従って生産されて流通し、そして最終的には消費されるところから、芸術もまた他のイデオロギー同様に経済活動の本質を成す労働による対象化の結果として捉える必要があるところから必然的に導き出される認識である。

それは人間の普遍的な対象化活動である労働過程それ自体に、芸術の根源があるということである。どのような生産様式にも共通する普遍的な労働一般のあり方それ自身に芸術の源泉がある。それは人間の労働というのはその本性からしてクリエイティヴなものであり、そうした労働で発揮される創造性が、芸術活動の源泉だということである。

そしてこうした認識は、まさに人間労働の創造的性格を強調した『資本論』の労働過程論や、古代ギリシア芸術の時代を超えた魅力を語り、芸術の普遍的性格を示唆した『経済学批判』の「序説」に先立って、若き日の『経済学・哲学草稿』で既に確立している。なぜなら若きマルクスは端的に、人間が美の法則に従って生産する（formieren＝形作る）ことを強調していたからである。

美とは労働の本質的な特性の一つ

マルクスにとって労働は人間の本質の対象化であり、労働においてこそ人間は自己の本質を露にするとした。だから人間が美の法則に従って生産するということは、美とは労働の本質的な特性の一つだということである。美は具体的な芸術作品としては歴史的な特殊性を色濃く帯びるものの、作品を通して顕示される美自体は労働過程の要素として、歴史を超えた普遍的性格を有する。だから我々は、現在とは全く違う常識や感性の中で生きているような古代人の作品に対しても、同時代的な感動を覚えることができる。

そもそも美とは何か。これを明確に定義することは難しいし、結局それは定義者の拠って立つ存在論的前提によって規定されるだろう。

マルクスに則って考えれば、先ず前提すべきは唯物論という立場である。

唯物論では実在は時空内に広がりを持つ物体的存在だと考える。そしてそうした実在の存在の有無は、人間がどう思うかに関わりなく、人間の意識から独立していると見なす。

ここで注意したいのは、実在は存在それ自体ではないことだ。実在は実際に客観的な存在として時空内に存立することが条件なのに対して、存在それ自体は時空内に存在する必要はない。魔法は実在しないが、空想の世界では存在する。想像上の存在は実在しないが想像世界においては存在する。フィクションは事実ではないが、フィクションの世界は存在し、私を含めて世界中の多くの人々が、小説や映画、それにアニメーションといったメディアを通してフィクションを楽しむ日々を送っている（世界的なベストセラーとなった『サピエンス全史』でユヴァル・ノア・ハラリが、人間をフィクショナルな世界を形作る存在として特徴付けたのは興味深い。『資本論』の労働過程論での目的意識的に結果を意識して労働する存在という人間規定に通ずるものがある）。

また存在には、物体的存在を伴わなければ確かに実在することができないが、その存立根拠それ自体は人間から独立して存立しうるような客観性を備えているような存在がある。例えば情報がそうした存在だろう。

情報もそれを担う物体的な存在がなければ実在しない。コンピュータはプログラムによって動くが、プログラムはそれを記憶するメモリやハードディスクのような記憶装置がなければ実在することができず、実在できないがためにコンピュータを動かすという現実的効果を発揮できない。しかしプログラムそれ自体は客観性のある存在と言える。

コンピュータのプログラムの場合は人間が書くものなので、人間の意識による介入が必須だが、情報一般は必ずしも人間の意識的介入は必要としない。生物の遺伝情報を考えてみれば分かるだろう。

遺伝情報もまたＤＮＡ（デオキシリボ核酸）という物体に担われていなければ実在しないが、遺伝情報それ自体は生物に共通の設計図として、人間の意識的介入に関係なく存在している。生物進化という歴史背景に担われた一つの自然的存在ということになろう。これに対して遺伝子組み換え食品の遺伝情報の場合は、人間の意識的介入が決定的な存立条件となっている。コンピュータ・プログラム同様に、この場合の遺伝情報は人間の意識によって能動的に形作られた存在ということになろう。

美は主観によって根拠づけられるもの

では美のような価値はどういうことになるのか？

美もまた唯物論的には実際に美を体現する存在を介さなければ実在しない。自然美の場合は人間が知覚しうる自然物を通してその美を体感する。紅葉の美は葉という実体がなければ存在しないし、肉眼にせよ映像や写真を通してにせよ実際に紅葉した葉を見ない限り、紅葉の美を体感することはできない。芸術作品の場合も事情は同じで、人為的に作り出された作品を鑑賞することによってしかその美を体感することはできない。

では美もまた情報のようなものかと言えば、俄かに即断はできない。

情報は確かにそれを載せた実体がなければ実在することができず、現実的な効果も発揮できない。しかし情報それ自体はそれを搭載するＤＮＡやコンピュータチップの有無に関わりなく、それ自体として客観的な根拠のある存在だと言える。情報は人間の主観による関与に関係なくそれ自体として成立しうるし、生物情報のように実際に成立している。では美はどうなのか。

美もまた情報同様に人間の主観と関わりなくそれ自体で成立していると考えることもできる。美の本質を自然美だとして、自然の造形が美の源泉だということもできよう。

ではしかし、自然のどのようなあり方が美なのかということは、必ずしも判然としない。自然には美しい物のみならず、明らかに美しくなくむしろ醜い物も少なくないし、大抵の自然物は特に美しくも醜くもないような、どうということもないものだろう。

あるいは自然物にはシンメトリーのような調和的な造形があり、こうした調和が美の源泉だというような主張も可能だろう。確かに芸術作品の多くは調和を旨としたものだし、音楽でも不協和音は聴き手に嫌悪感を催すとして退けられるのが普通である。

ところが音楽の中にはフリージャズのように敢えて積極的に不協和音を用いる場合もあるし、現代では「ノイズ・ミュージック」というのが分野として確立している。

大杉栄の「美は乱調にあり」という言葉は有名だが、近代以前の美術作品は基本的に調和を旨としていて、かつてだったら美の本質は調和だと言っても違和感のない説得力を有していた。しかし現代美術の世界では絵具をキャンバスに叩き付けるアクション・ペインティングに代表されるように、乱調を旨とする作品表現はありふれたものになっている。こうした現状が意味するのは、美の本質を客観的な実在に求めるのは難しいということだ。

従って唯物論の立場からすると、美は同じように実在ではなくても情報のように人間の主観と関係なく存立しうるものではなくて、専ら人間側の主観的な意味付与によって成り立つと考えるのが自然である。仮にそれを分有することによってその存在が美に変容する客観的な物質のようなものがあれば、美というのは主観的な意味ではなく客観的な実在だと言えるが、そのような物質が存在するとは思えないし、そうした物の実在を示す証拠が提示されたという話も聞かない。この意味で、美は情報と異なり、主観とは独立してその存在根拠があるものではなくて、あくまで主観との相関の中で、専ら主観によってその存立が根拠づけられているような性質ということになろう。

歴史や文化に深く根差している

美というのがもしこうしたものだとすれば、それは人間の歴史や文化に深く根差すし、個人単位では学習に大きく依存するものということになる。

実際、芸術として鑑賞される美的対象の多くは、享受者の認識の深度によってかなりの程度にその意味付けが左右される。

音楽にしても、聴き慣れるかどうかで大きくその意味が変わってくる。

一般にヒット狙いの楽曲は一聴して親しみ易く、印象に残る曲作りが目指されている。じっくりと何回も聴き込まないとその良さが分からないというのでは、ヒットさせる機会を逃してしまう。これに対してモダンジャズの名演奏と言われるようなのは、何回も聴き込んでその良さが分かったり、聴き込むごとに味わいが深まるというのが普通である。そのためジャズの場合は初心者に対して、名盤を数多く繰り返し聴くことで耳を慣らすことの重要さが広く推奨されている。

それだからヒット狙いの楽曲がジャズよりも低俗ということはなく、大ヒット曲の中には味わい深い名曲も少なくないが、かつてのディスコ全盛期に流行った曲に散見されるように、今となってはなぜこれが売れたのかという類もある。

誰がどう音楽を聴こうともその人の自由であり、ヒット曲を聞き流すだけという態度が非難されるいわれはないが、そうした態度では楽しめない音楽もあるし、音楽芸術を全体として享受するためには、音楽への知識や理解が必須ということになろう。

こうしたことは絵画や彫刻の場合はなお一層顕著である。

名画や名作とされる中には予備知識なく見ても美しく感じられるのも少なくないが、一見しただけではどこが美しいのか、むしろ醜いのではないかと思われる作品もやはり少なくない。そうした傾向は現代美術には顕著で、抽象画や前衛的とされるインスタレーション等の中には、理解が困難な作品が多い。

私自身も素人美術愛好者として各種展覧会に足繁く通っているが、一見して疑問を感じる現代芸術作品と頻繁に遭遇する。そうした作品は現在の私にとっては価値のないものだが、しかしそれがその作品の客観的価値だとは言えないだろう。私には分からない価値を少なくない人々が見出しているからこそ展覧会で展示もされるのだろうし、私自身も認識や知識が深まってこれまで分からなかった良さをやがて再発見できるかもしれない。こうしたことは美の主観的性格を強く示唆しているのではないか。

本質において主観的なもの

また古典的な作品は、私を含めて多くの人々が直観的に美しいと感じる場合が多いと思うが、こうした古典的な作品には往々にして何かしら象徴的な意味合いが暗示されていたりする。西洋絵画の場合は主としてキリスト教に由来する様々な象徴がアレゴリーとして描かれることが多い。こうした知識はその絵画が描かれていた同時代の鑑賞者には周知のことであっても、時代も文化も異なる我々のような者では改めて学ばないと画家の真意をつかめなかったりする。

勿論そうした予備知識が一切なくても単純に美しさや麗しさを感じるのならば、そうした感動を与える絵画を鑑賞者は価値のある名画として享受することができる。しかし鑑賞に当たって必要な知識が補充されることによって味わいが増えこそすれ、減じることはないはずである。その意味で、絵画の享受においては感性的に目が肥えていることのみならず、絵画に関する知識が重要な意味を持つのは疑い得ない。

例えば古典的な作品の中には一見して人物の体全体のバランスが不自然に感じられるものもある。こう感じられるのはその作品が、美しい肉体は「黄金比」を体現しているという当時の常識に強く縛られていることが原因だったりする。いわゆる七頭身とか八頭身とかいうような造形は人体を美しく見せるための手段だと現代の我々は考えるが、古典的な作家の場合は逆に比率が先にあって、適切に比率を体現するような造形が美を体現すると見たりする。目的と手段が逆転しているわけだ。そのため作品によってはそうした「美の方程式」にこだわる余りに、現実の人体とは乖離した造形がなされることがあり、それが現在の我々には不自然に感じられる場合があるということである。

現代の我々なら比率というのはあくまで美しく見せるための手段であり、約束を破って幾分バランスを崩したほうがよく見えるならば躊躇なくそうするだろうが、古典作品の作者からすればそうした約束を破ったら美を失ってしまうのであり、どんな場合でも比例は崩せないと考えるわけである。

現代の我々がこうした知識を持たなければ、作品によっては作者が下手なのではと勘違いしてしまう可能性がある。この意味で、知識はこうした作品の美を感得するのに必須であり、そうした知識がなければ適切な形で美を享受することができない。

こうした実例を考えることで、美というのはその本質において主観的であり、しかも情報のような客観的根拠を持たないような、専ら人間の側が意味付与するような存在だと考えることができよう。

そして美というのがそうした専ら人間の側で対象化するものだということが、『経済学・哲学草稿』でマルクスが、人間は美的にも生産するという言葉の理論的射程ということにもなる。

目的意識的な想像力の使用

生産は結果から見た労働であり、労働はマルクスにおいては人間の本質の対象化である。労働が人間の本質を対象化する活動だからこそ、美もまた労働においてこそ対象化される。労働が人間の本質的な活動だから、労働それ自体が美的性格を帯びる。このことはまた、労働は対象化活動として専ら人間によって生み出される美の源泉ということにもなる。このことはまた労働の独自の性格の中に、美を生み出す原因があるということも意味する。そしてそれが何なのかは、マルクスの理論展開からは明らかだろう。

対象化活動としての労働は、自然的存在である人間が外的自然に働きかけて自らの意図に沿うように自然を加工しようとする過程である。こうした広い意味での労働は人間に固有の活動ではなく、広く動物一般に共通する。繰り返すまでもなく『資本論』の「労働過程論」の叙述にあるように、人間の労働が動物と異なり、目的となる生産の結果である労働生産物を労働する前に予め頭の中で描き、未存の目的を既存の現実にしようとする点に独自性がある。こうした「目的意識的な想像力の使用」が人間労働の独自性であり、同時に美的活動の源泉でもあるということになる。

この意味では美の本質とはマルクス的観点からすれば、単なる事実の模倣ということではないことになろう。むしろ事実を素材にして、事実とは異なる独自の領域を形成することが美的活動の真骨頂ということになろうか。

こう考えるとやはり、旧来のマルクス主義的な美学で強調されたリアリズムの追求というのが、マルクス本人の理論から導かれる構想とは乖離しているのではないかと思わざるを得ない。単なる模倣ではなく想像力を働かせることに力点を置くマルクス的観点からすれば、現にある社会のあり方を描くことよりも、現にはまだないがそうあるべき未来の理想を描くことにこそ、芸術の真骨頂があるのではないか。その意味でいえば、同じ「リアリズム」といっても、言われるところのリアルを単なる記述的な概念ではなくて、規範的な概念と捉えると、むしろ社会主義にふさわしいリアリズムのあり方が明確になる。

記述的概念としてのリアルは既存の現実を意味し、こうした通常の意味で考えられたこれまでの社会主義リアリズムでは現にある現実をあるがままに描写することが尊ばれた。そのためこうした社会主義リアリズムに代表される旧来のマルクス主義美学では、本来は認識論のカテゴリーであるはずの「反映」が、認識論同様に美学の中心カテゴリーとされた。

マルクス主義の認識論では一般に、真理は事実の反映だとされた。これ自体は正しい。なぜならこれは哲学では通常「真理対応説」と言われる考えを言い表しているに過ぎないからだ。真理対応説とは、ある対象を示す命題（対象言語）とそうした命題を指示する命題（メタ言語）が一致している場合を真理とする考え方である。

マルクス主義にふさわしい認識論を定める際には、それが唯物論に基いている必要がある。唯物論では人間の意識から独立して対象が存在すると考える。そのため、ある存在が何であるのかというその存在の真実の根拠は主観である人間にあるのではなくて、人間の意識から独立した客観である存在自体にある。従って真理の基準は個々の主観による断定（独断論）でもなければ、主観相互間の同意（合意説）にあるのでもない。真理は対象が基準となり、対象を適切に言い表した言語表現が真理ということになる。マルクス主義が認識論の領域では伝統的に反映という概念を強調した「反映論」を展開してきたのは、それがマルクス主義の側からは「ブルジョア哲学」と揶揄される通常の哲学での真理対応説を、マルクス主義なりに独自の語彙を用いて主張してきたという意味では首肯できるものである。

しかし受け入れられるのはここまでで、旧来のマルクス主義における反映論をそのまま容認することはできない。なぜなら旧来の反映論は一般に、反映概念をやたらと広く敷衍し過ぎてしまい、用いるべきではない領域でも反映概念を使うことによって、結果として不適切な議論に陥っていたからである。

レーニンの誤謬

このことは直接には、マルクス主義で反映概念が不必要なまでに多用される理由となったレーニンの『唯物論と経験批判論』(1909年)と、この著作に基づいて「共産主義の理論的基礎」を概説したと自称するスターリンの「弁証法的唯物論と史的唯物論について」(1938年)に由来する。

『唯物論と経験批判論』は物質とは人間の意識から独立した客観的実在であるという規定を行い、こうした物質を存在の基本原理とするのが唯物論であると、唯物論についての適切な存在論的定義を与えた。また認識は客観的事実の反映であるというように、事実認識に関しては真理の対応説を主張していた。この意味で、主観主義的認識論を唯物論の帰結である客観主義的立場から適切に批判し、真理の対応説の根拠となる反映論を唯物論の認識論としたという点で、今でも重視されるべき古典である。

しかしレーニンととりわけスターリンは、例えば唯物史観の土台と上部構造や、さらにはなお一般的に社会的存在と社会的意識も反映の問題としてしまった。勿論厳密ではない広い意味では上部構造は土台を反映する。マルクスにもそうした用法はある。しかしそれは「反映」という言葉の本来の意味からは派生的な意味でである。反映それ自体はreflectionであり、鏡に像が映るが如く正確に対象を写し取るというニュアンスが強い言葉だろう。それだから真理は対象の正確な写しであるという真理対応説と接続できる議論だったのである。

それなのに上部構造を土台の反映としてしまっては、上部構造の独自性は薄められ、専ら土台を写し取る影のような存在であるかのようなニュアンスが与えられてしまう。ここから唯物史観は経済的土台の影響を徒に強調する経済決定論だという古典的誤解に、他ならぬ代表的古典家の一人であるレーニンが言質を与えることにもなってしまっている。

勿論レーニン自身は自ら革命を主導したように政治という上部構造領域での活動の重要さを体現していたのだが、その同じレーニンが理論においては自らが批判しているはずの経済決定論的思考を彷彿とさせる議論をしていたことは、大きな皮肉だと言える。

そもそも土台と上部構造は絶えざる相互作用の中でお互いに影響を与え合い続けることによって社会という全体を構成する要素である。従って土台の規定性といっても諸要素の中で最も重要とか最終的に決めるというようなニュアンスであって、どちらかが他方を反映して一方通行的に決めるものではありえない。

それだから上部構造の一つである芸術も、反映概念によって説明されるべきではない領域になる。芸術は単に反映するのではなく独自にクリエイトすることに固有のよさがある精神活動である。確かに芸術もまた上部構造として、土台である経済の法則に帰順する。絵画のような芸術作品も作家によって生産され、資本主義においては利潤の法則に従って流通し、個人や財団に買われて個人的または公共的に鑑賞されるという形で消費される。美は崇高だから芸術は金銭の問題ではないという綺麗事だけでは済まないのが資本主義に生きる者の宿命である。

労働力の商品化は人間の商品化に等しい

勿論高く売れる絵が安い絵よりも価値が高いとは言えない。とはいえ、価値というのが基本的に評価する側である人間によって規定される要素である限り、多くの人に高く評価される絵はそれだけ高い値が付く傾向があるのは自明でもある。資本主義において高値で売買されている絵が資本主義的な商品経済を克服した社会に生きる人々にも、かつて安値で売られていたものよりも同様に高く評価されるだろうことは想像に難くない。

しかしそうはいってもやはり、芸術作品には価格では測れない価値があると考えるのは正当である。それは美というのが人間の本質の対象化である労働の主要側面なことからくる必然である。なぜなら人間本質の対象化の成果が価格に還元されるということは、人間自身が価格でその基本的な価値が測れるようになっているということだからだ。

人間は物ではないので、丸ごと売ったり買ったりできないし、してはいけないものだと我々は思っている。なぜなら人間を物のように丸ごと売買するのは人間を奴隷とすることであり、奴隷制は絶対に許されないというのが常識となっているからだ。

当然この常識は正しく、奴隷制は絶対に許されない。しかし言うまでもなく、我々の住む資本主義は商品経済であり、資本主義で最も重要な商品は労働力商品である。
労働力とは人間が労働を行う際に動員される人間自身の主要な諸力である。だから労働力とそれを持つ個人は切り離すことができない。労働力が商品化されているということは、実質的には人間それ自身が商品化されているに等しい。

勿論、奴隷と資本主義での労働力商品には違いがある。奴隷が24時間丸ごと買主に支配されるのに対して、労働力商品は一日8時間週40時間といった形で、時間決めで買われている。また奴隷制では奴隷の基本的人権は認められていなかったが、近代社会である資本主義では、人権の尊重と労働者の権利のある程度の保護という人類史の偉大な歴史的成果の恩恵を得ている。

しかし人間の本質が商品化されることによって、人間自身がまるで物であるかのように扱われているという基本構造は同じである。そのため資本主義では奴隷制のように文字通りの奴隷は存在していないが、労働力が商品化されて自らの生存のために選択の余地がなく働かざるを得ないという形で奴隷制が実質的に存続している。それは労働力を商品として売る代わりに賃金を得る賃労働者が、賃金奴隷とも言うべき姿で生きざるを得ないということである。

奴隷はどのような形であっても許されないのならば、資本主義の賃金奴隷も許されないはずである。この素直な価値判断をそのまま肯定し、だから賃金奴隷制である資本主義を変えて、労働力が商品化されないような社会を築くべきだというのがマルクス主義的な社会主義の基本観点である。これに対して、労働力が商品化されることは少しも悪くなく、奴隷のように労働が強制されていないから何の問題もないというのが資本主義を擁護するブルジョア・イデオロギーの立場である。

合理的に考えれば奴隷商品も労働力商品も商品という点では同じであり、その内容は人間自身なので共通性は明らかなように思えるが、全く違うというのが資本主義に生きる我々の常識である。また、強制されていないといっても直接的ではないだけで、生まれながらの大地主のような一部を除く人口の大多数は、働かなければ生存に必要な財が得られないのだから、結局は働くことを強制されているのではないかと思える。しかし資本主義を擁護するブルジョア・イデオロギーにはこの素朴な問いに対する答えはない。

こうしたことから労働力の商品化を無くして人間が値付けされないような社会を目指すというマルクス的な理想はごく自然なもののように思われるが、ブルジョア・イデオロギーが常識として機能している我々の社会では逆に、とんでもない夢想のようにあしらわれる。

新しい社会では本当の意味で等価交換が実現する

もっとも、合理的に思考して素直な結論を導く我々としても、労働力が商品化されない社会が容易に実現するとは思っていない。労働力が商品化されない社会は商品経済自体が無くなっている若しくは現行のあり方とは根本的に変わっている社会だからだ。

世界最初の鋳造貨幣とされるのはリュディアのエレクトロン金貨で、紀元前七世紀の発明とされる。以来人類は長きにわたって貨幣経済に馴染み続けてきた。物品に価格が付いて販売され、同額の貨幣や紙幣で交換を行うという行動様式は我々の生活の基本であり、これ以外の経済のあり方を考える余地はなくなってしまっている。そのためこれとは異なる経済のあり方を要請するマルクス的ビジョンは、たとえ合理的で自然な思考の延長線上にあるとはいえ、余りにも強固に根付いた常識に挑戦するものである限り、やはり実際に実現するのは困難だと考えるのが、自然なことだろう。

そのためマルクスは、彼が理想社会のあり方を詳しく説いた『ゴータ綱領批判』の中で、資本主義後の新社会では確かに資本主義のような商品貨幣経済ではなく、商品に価格が付けられて売買され、需給に応じて価格が変動するような価値法則が支配するような経済ではなくなっているが、なお価値法則に類似した原理が存続するとした。新社会では資本主義のように労働力は搾取されないが、提供した労働量に等しい生活手段が与えられる（返される）。この際に貨幣の代わりに提供した労働量を示す証書を用いて等価交換が行われる。等価交換に基くとはいっても資本主義には搾取があるため、労働者の取り分は不当に低くなり、実質的には不等価交換である。これに対して新社会では労働者自身の協議に基いて設計される社会運営のために必要なコストが控除されるだけで、資本主義では受け取れなかった分も正当に受け取れるようになっている。その意味でここでは本当の意味で等価交換が実現している。

こうした巨大な進歩を果たしてはいるが、なお等価交換による経済であり、その内容と形式が変わっているとはいえ、労働力の商品化が完全に克服されたとはいえず、労働力が商品に類似した性質をまだ帯びている。そのため個々の労働者が体力や知力で違いがあることに応じて、給付される生活財にも量的な違いが生じるとされる。強度の労働を長時間できる者にはそうでない者よりも多く給付される。勿論生活に必要な財を得られるまでの労働すらできない者には初めから必要な給付が与えられ、資本主義のように貧困にあえぐ者はいなくなる。とはいえ、誰もが等しく最高度に豊かにまではなれなくて、一定程度の豊かさが全員に保障された上で、個々人の資質や努力に応じた不平等は残らざるを得ないとしたのである。

確かに新社会では生産物と生産物の交換が禁じられ、商品流通はなくなっている。必要な財は消費者である個々人に流通を通さず直接交換所で受け取るようになっている。また生産物と生産物を作るために用いられた労働量との関係が透明になっているため、資本主義における商品のように、その商品に投下された労働量を隠蔽して見えなくさせる商品フェティシズム（物神崇拝）がなくなっている。この意味では確かにこの社会は商品交換経済とは言えない。

しかしなおマルクスは、資本主義後に建設される新社会の初期段階ではまだ労働力の商品化が完全には克服されておらず、資本主義的商品経済とは異なるが等価交換を原理とする限りで商品経済に類似した遺制が続くとしたのである。

自己実現のための最適条件をもたらす社会

資本主義に生きる我々からすれば、マルクスが道半ばとするこうした共産主義の初期段階ですら、隔絶したユートピアのように思われる。何しろここでは労働を搾取する者はいなくなって、働いた者には正当な報酬が与えられ、ワーキングプアのような状況は消失しているからである。

それでもマルクスからすれば、人類がその本来のあり方を十全に発揮できるコンディションが整っていないということになる。それはこの初期段階では確かに搾取はないものの、労働は基本的な義務として課され、労働能力によって給付が上下する不平等社会だからだ。

マルクスが展望する共産主義は完全な平等社会で、個々人の資質や能力による給付の差が消失する社会である。当然それは共産主義の初期段階では質の高い高強度な労働の支出者にのみ提供された富を万人が得られるような高度な文明を前提とする。

こうした高生産力状態で、社会を維持するための労働量が極少になることによって、能力の別なく誰もが豊かに生活ができるような経済的状況が実現する。それにより、必要以上に敢えてやる労働が自己実現の喜びをもたらすと共に、労働以外の自由時間が増大して誰もが余暇を有効に使うことができるようになる。こうした経済条件の目的は、各人が自分にふさわしい自己実現ができるようになることである。こうした自己実現のための最適条件をもたらす社会が、マルクスの求める共産主義ということになる。

ここで注意すべきは、求められているのは経済的な豊かさではなく、個々人が自己実現するための最適条件だということである。

あくまで目的は個人である。社会それ自体は手段であって目的ではない。従って共産主義というのも個人の自己実現のための最適条件として求められるのであって、個人を超えた社会それ自体が理想として追求され、個人がそうした社会を実現するための歯車や兵隊として滅私奉公することなど全く求められていない。

ところが世間一般のマルクスやマルクス主義、そして特に共産主義に対するイメージはマルクス自身の思想とは裏腹に、まさにこうしたファシズムを彷彿とさせる集団主義的な思想と運動になっている。それはマルクスの理想を体現していたと嘯いていたソ連及びソ連型の現実社会主義がそうした集団主義的な社会だったからだ。しかしソ連は実際には社会主義ではない。ソ連は社会主義ではなく資本主義によく似た抑圧社会だった。そして『99%のためのマルクス入門』で明確にしたように、ソ連が社会主義ではないことの根拠が、他ならぬマルクス自身の理論によって与えられるのである。

共産主義とは万人の自由な発展のための条件

マルクス自身は初期著作から一貫して個人の自己実現こそが目的であることを強調してきたのだが、ソ連型社会主義のイデオロギーだったスターリン主義的なマルクス解釈の影響が余りにも強かったためか、こうした基本観点がこれまでのマルクス主義的な運動は元より、マルクス研究にあっても広く一般化されていなかった。そのため『共産党宣言』で共産主義が「各人の自由な発展が万人の自由な発展のための条件であるようなアソシエーション」と規定されていたことの真意が、全くといっていいまでに看過されていた。

マルクス主義者ならば誰もが知っているはずの言葉だが、共産主義社会はそれ自体が目的で、マルクス主義は個人主義ではなくて集団主義だというドグマが余りにも強かったため、書いてある内容を素直に受け取ることができなかったのである。

素直に読めば、アソシエーションである共産主義は万人が自由に発展しているような人間のつながりのあり方ということになる。つまり共産主義の実質はそこにおいて万人が自由に発展していることであり、社会としての共産主義とは、万人が自由に発展できるための条件ということになる。共産主義社会それ自体は万人の自由な発展のための手段なのだ。社会は手段であって目的ではない。社会のあり方はそこに生きる人々の生活のための手段である。だから目的は「万人の自由な発展」なのだ。

ただし注意が必要である。この文言だけ取り出すと、「万人」というのが人間集団全体であり、個人と対立するものとして受け止められてしまうからだ。そう受け止めるとスターリン主義イデオロギーと合致してしまう。そして実際にそうした誤読が一般的だった。

ところがここではっきりと、目的である万人の自由な発展の実現が、「各人の自由な発展」を前提条件にすると謳われている。各人が自由に発展できるような条件が整っていなければ、万人が自由に発展できるようなアソシエーションが実現しないとしている。万人というのは個々人の総体なのだから、個人と全体が対立しないのは当然のように思えるが、実際には理論的にも実践的にも両者は対立させられ、どちらか一方を重視するというあり方が一般的だった。

言うまでもなく現実社会主義に体現されたこれまでのマルクス主義思潮の主流では、全体のために個人を無くして、無私の心で全体に奉仕するのが共産主義者の美徳だとされた。こうした作風は組織運営にも反映していた。共産党組織の支部を「細胞」と呼んでいたりしていたことはその一例である。また、今日の一般常識では専ら否定的な含みを持つ「組織の歯車」といった表象が、むしろポジティヴに受け止められていた。

これに対して資本主義の支配イデオロギーであるブルジョア個人主義では逆に、個人と全体が切り離され、私利の追求が当然のように推奨されてきたし、今もされ続けている。私利私欲に基づき利潤を追求するのが資本主義で前提される経済アクターである。そうしたエゴイズムが原理では社会が崩壊するのではないかという気がするが、市場の自動調整機構によって調和的な発展が保障されるのだという。それどころかむしろ、そうした市場競争を積極的に引き受け、儲けを追求して成功してやろうという気概がなければ、やがては競争に敗れ、「負け組」となって社会の底辺に沈んでしまうのだという恐怖感が、資本主義に生きる者には子供の時分から植え付けられる。そうした負け犬にならないためには、受験にせよ何にせよ競争に勝ち抜いて、「勝ち組」となって成功を収めなければならないという浅ましいイデオロギーが、むしろ美徳とされている。

個々人の連帯を原理とした「個人主義」

マルクスが個人を重視すると言っても、こうしたブルジョア個人主義とは対極にあるのは火を見るより明らかだろう。

マルクスの「個人主義」は、ブルジョア個人主義のように全体と個人を対立させることなく、アソシエーションという個々人の連帯を原理としている。個人と全体は排他的に対立するのではなく、他者の自己実現が自己の自己実現の前提条件となって、連帯して人間らしい生を追求する社会である。

当然我々には、こうしたマルクスの構想は理想という以上に夢想のように思える。それは当たり前のように利他主義が前提されているからだ。利己主義をよしとするというか、建前はともかく本音では人間は利己的なのだという観念を常識としている我々には、自己実現と他者実現が一体となった社会像など綺麗事に過ぎないように思える。それは我々の住む競争社会では、社会的な成功は競争に勝ち抜くことでしか得ることができず、少数の成功者は多数の敗北者を前提するからである。こうした社会で生きていたら、他者を出し抜いて勝ち残るという行動原則にならざるを得ないというか、そういう振る舞いをし続けなければ社会の底辺へと転落してしまうのである。

ということは、競争するまでもなく豊かさが保障され、嫌な労働に長時間従事することを余儀なくされるような経済条件がなくなれば、人々の心性も変化するのではないかと思われる。競争するまでもなく誰もが豊かでゆったりとした生活ができるようになれば、我々の社会とは違った行動原則が支配的になり、強制されることなく自然に利他的な振る舞いができるようになる。そうした習慣が長時間続けば、「各人の自由な発展が万人の自由な発展のための条件であるようなアソシエーション」が実現できると考えるのもあながち夢想とは言えまい。

勿論これは予想であり願望でもある。絶対にそうなるとは言えない。しかし、持つ価値のある理想であることは間違いないだろう。

こうして競争に駆られることなく、自己実現を主目的に労働を行うような共産主義が実現すれば、労働が本来持っていたはずの美的本質が遺憾なく発揮されて、生活全体が美的なものに変貌する。そうした可能性を、人間は美的にも生産するという初期マルクスの理論は示唆するのではないか。

以上のように、マルクスの美学は労働という人間の中心的活動に依拠し、労働の人間化が労働者の感性を豊かにし、美的な完成が高められた多数者が、日常生活を美的に彩られたものに変えていく可能性を示唆している。この意味で、理想として目指される共産主義はかつての現実社会主義でのプロパガンダのように、単に消費財が豊富になった社会ではなく、日常生活に芸術と美の享受が溶け込んだような美的社会でもある。

「どこにもないユートピア」

この点ではやはり、マルクス主義思潮の中でのウィリアム・モリスの独自性が際立っている。モリスは20世紀に入る前に亡くなっており、『経済学・哲学草稿』も『ドイツ・イデオロギー』も読むことはできなかった。このため、労働と美の結びつきを強調するマルクスの議論を知ることはできず、その理想社会像はマルクスとは別枠で練り上げられたものである。

モリスが理想としたのはファンタジー的様相を帯びたヨーロッパ中世社会である。その牧歌的な理想社会描写とは裏腹に、モリスは何の葛藤もなく理想が実現するとは考えない。この点ではマルクス主義者らしく、激しい階級闘争での勝利という厳しい犠牲を経てのみ新社会の門をくぐることができるとした。しかし新たな門をくぐった後の構想は、おおよそ通常のマルクス主義とかけ離れたものである。新社会は唯物史観の原則通りに確かに高生産力の社会ではあるものの、その生産力は機械化という形では発揮されないというのだ。

モリスの主著（1890年）のタイトルは一般に『ユートピアだより』等と訳されるが、原題はNews from Nowhereである。「どこでもない場所＝ありえない場所」からの便りということで、主人公が22世紀ロンドンの未来を幻視したというファンタジー調のSF小説に分類されよう。その描かれた未来は調和的に高度発展した反機械文明という突拍子もないもので、モリスが目指す共産主義と彼が理想として夢見た美化された中世世界が奇妙に混合したユートピアである。

当時のマルクス主義は、共産主義とはソビエト＋電化だとしたレーニンに典型的なように、資本主義での機械文明を資本のくびきを脱して一層発展させることを常識的な観点としていた。そのためモリスの懐古趣味の共感者は少なかったが、今日ではかつてと違った印象を受ける読者が多いだろう。こうしたユートピアをモリスはタイトル通りに「どこにもないユートピア」と断りつつも、理想の未来社会では人々は機械を醜悪なものと捉えて、敢えて人力を重視し、人力が最大限効率的に発揮されることによって豊かな社会が実現されているとしたのである。

そのような共産主義だから、人々の生活もただただ利便性が追求されているのではなく、むしろ健康的に肉体を使えるようになっていることが強調されている。そうした未来人は当然その欲求の質も旧社会とは異なり、徒に物欲を求めるようなブルジョア的な浅ましさを捨て去り、人間らしい上品さに高まっている。つまり生活自体が美的に変化している。

労働者が権力を勝ち取った未来で、労働者が敢えて機械文明を捨て去るという構想はユートピア的に過ぎるが、脱成長が唱えられている昨今の風潮からすれば確かに先駆的ではある。

モリスと言えば現代の工業デザインの先駆者として有名であるが、一見してブルジョア趣味で、実際に製品としては必ずしも廉価ではなかったモリスの意匠はしかし、モリス自身からすれば社会主義での実際の生活を具現化しようとしたものであった。現在のブルジョア社会では多くの労働者が味わえないような美的生活を万人が送れるようになるのがモリスの理想であった。

カーテンやタイルなどの室内装飾や家具はともかく、壮麗で凝りに凝ったモリスが設立したケルムスコット・プレスによる豪華本は、社会主義者によるものとしては贅沢に過ぎるとモリスの生前から批判者に揶揄されていた。確かにケルムスコット・プレスの代表作である『チョーサー著作集』のような大型豪華本を労働者が手軽に入手できるようになるとはモリスも考えていなかった。しかし広く普及した図書館で誰もが気軽に閲覧できるような文化的な生活を、モリスは幻視していたのである。

実際には共産主義的な高生産力は機械文明以外では実現しようがないので、モリスの構想がそのまま実現する可能性は考えられないが、環境破壊をもたらさないようにコントロールされた生産力の下にある生活は、確かに徒に利便性のみが追求された物質至上主義ではなく、モリスが望んだように健康的で美的な社会にならざるを得ないし、なるべきだろう。この意味で、モリスを参考にしつつも、マルクスその人の美学を深めて、共産主義と美について構想を豊富化してゆくことは、社会主義的変革のために必要な作業だろう。

人間の「類的本質」

このように、人間は美的にも生産するというマルクスの示唆は意義深く、遠大な射程を持つ珠玉の言葉である。しかしここでも明らかなマルクスの限界を指摘しておく必要がある。それは既に触れたし、『99％のためのマルクス入門』でも注意したように、マルクスがあくまで伝統的な人間中心主義的思考圏内に留まっていることである。

人間は美的にも生産することに人間の美徳を見出したのは確かにマルクスの慧眼だったが、マルクスが美を述べるのは人間に固有な、人間ならではの「類的本質」を語る文脈なのである。類的本質という言葉はマルクス以前にヘーゲルや特にフォイエルバッハが愛用し、マルクスもフォイエルバッハに影響を受けつつこの『経済学・哲学草稿』で用いた人間の本質を説明するための中心概念である。すなわち人間は人間ならではの人「類」としての本質があり、こうした類としての独自性が人間の本質を人間以外の存在にはない高みに導くのだというような議論である。

17　人間は美の法則に従っても形作る。…『経済学・哲学草稿』

マルクスがいう人間の類的本質とは労働において自己確証を行うことで、労働のような経済学的カテゴリーを中心概念としないフォイエルバッハとは異質なものである。しかし表面的な概念使用の一致に惑わされ、実際にマックス・シュティルナーに名指しされたようにフォイエルバッハの亜流だと誤解される恐れがあるため、後のマルクスが使用を禁欲するようになった哲学用語の代表である。

問題はこの類的本質が人間ならではの美質だと強調されていることから明らかなように、ここでの論法が常に人間と動物を対比させることで人間の独自性や偉大さを際立たせるようになっていることである。

動物は専ら肉体的欲求に従って一面的に生産するのに対して、人間は肉体的欲求から自由になって、動物のように一面的で決まりきったやり方ではなく肉体的欲求から自由に、生存に直接必要な物以上を生産することができる。人間は自らの能力と自然の制約が許す限り、自然を素材にしてあらゆるものを生産することができるのであり、その意味で人間は動物のように一面的ではなく普遍的に生産する。そうした普遍的生産の基本性格が美だということである。

こうしてマルクスの生産と美的活動の理論は徹頭徹尾人間を高める代わりに動物を貶める人間中心主義的な前提に立っていて、動物性の否定が人間性の称揚になるという、哲学の伝統で一般化された誤謬を踏襲している。

人間を相対化する視座での読み直しを

これに対して今日の哲学の前提とされなければならないのは、人間を生物進化の歴史の中に他の動物と同じ資格で入れ、自然を超える特別な存在としての人間ではなくて、自然に埋め込まれた動物としての地球上での行く末を模索しようとする思考枠組みである。

マルクスは唯物論者としてヘーゲルのように自然を超えた存在としての人間ではなくて、自然的肉体であることに人間の本質を見据えていた。またブルジョア経済学者のように生産の超歴史的不変性を否定し、生産のあり方が歴史的に根本的に変化するという生産様式概念を確立した。経済活動に進化論的観点を導入し得たとも言える。このような人間の行動様式の根本的可変性への承認という観点からダーウィンの進化論に共感し、ダーウィン自身に『資本論』を献本したというエピソードも残されている。

こうして明らかにマルクスの思考には人間を相対化するダーウィニズム的観点と共通するところがあった。だがキリスト教文明の前提とも言うべき人間中心主義的視座は、キリスト教の批判者だったマルクスも逃れられないほどに強固だったのである。

しかし、唯物論者で生産様式論者であるマルクスの理論それ自体は、明らかに人間中心主義とはそぐわない。本来の人間中心主義は自然的存在である動物に自然を超えた霊的存在である人間を対置するものであったからだ。この点では、自然的存在であることに人間の本質を見たマルクスが、人間の独自性を動物との対置で特徴付けなければいけない必然性はなかったのである。

だから我々は人間が美的に生産するというマルクスの慧眼を、だから動物よりも偉いのだというマルクス自身が陥っていた人間中心主義的な傲慢さから救い出し、非人間中心主義的な前提と調和するように読み直す必要がある。

こうした見直しによって、マルクスの慧眼をその歴史的限界から救い出し、現代的にアップデートする方途が開かれるのである。

18

共産主義社会の中では画家という者はいなくて、せいぜい何かの時に絵も描く人間がいるだけである。

『ドイツ・イデオロギー』

原始社会回帰に結び付ける誤解

この言葉については『99%のためのマルクス入門』で触れてあるので、ここではそこで論じなかった論点について、「人間は美的にも生産する」という議論と関連させて述べたい。

先ず、この言葉自体の主旨は、『99%のためのマルクス入門』及び私がこれまで出版してきたマルクス関連書籍で論じたように、共産主義社会で分業が止揚されることによって精神労働と肉体労働の対立や都市と農村の対立といったこれまでの文明の基本的な矛盾が解消される。労働の疎外的性格が除去されて、労働及び労働を中心とした日々の生活過程の中で各人が持てる限りの可能性を開花させる条件が整えられる。それにより個々人の全面的な発達が可能となるという議論である。

『資本論』でも強調されたこうした全面発達論でなぜ分業が問題になるのかといえば、マルクスはアダム・スミスが分業の肯定面と共に否定面を指摘したのを受けて、分業が人間を一面化し労働の疎外を結果させるからだとした。従って疎外されない全面的に発達した人間は知的にも肉体的にも多面的な能力のある人間であり、一面に特化することなく満遍なく能力を開花させた「全体的人間」だということである。

こうした理想的な全体的人間は古代ギリシアに由来し、ルネサンスを経てヨーロッパ文化に連綿と続く理想的な人間類型である。この意味で、マルクスの理想的人間観は何ら新規なものではなく、当時のヨーロッパ知識人としての常識を踏襲したものと言える。しかしこうした人間観は今では、欧米にあっても必ずしも常識的に共有されているとはいえず、ましてや我が国では一方で文武両道という考えがあるものの、他方では「一芸に秀でる」とか「二兎を追う者は一兎をも得ず」的な専門分化を尊ぶ通念も根強く、専門分化を否定するマルクスの理想的人間像が素直に受け止められることは少なかった。

加えてこうした分業否定論の中で最も有名な文章に、『99%のためのマルクス入門』で詳しく論じたように「朝には狩りをし、昼には釣りをし、夕べには家畜を追い」というような牧歌的風景を喚起させる文言が含まれていた。そのためこれが原始的な低生産力社会を想起させるとして否定的に解釈される伝統が形成されてしまい、マルクスの分業否定論の真意が伝わりにくくなっていたという負の伝統があった。

しかし一読して低生産力社会のような誤解を与える文章には社会が生産全般を統制するというように、この社会が明らかな高次生産力社会であることを明示する文言が含まれていた。そのためマルクスの共産主義論を原始社会回帰だというのは誤解でしかありえない。ただし狩りや釣り牧畜の箇所には原稿上で靴屋、庭師、俳優という異文もあり、専らこうした田園風景を想起させない例が用いられていたら誤読される可能性は低かったはずである。もっともそれをマルクスやエンゲルスに言っても仕方なく、古典文化への教養不足から誤解してしまう現代の読者が悪いのである。

アマチュアリズムとプロフェッショナリズム

ともあれ、共産主義という理想状態では画家がいなくなり、趣味で絵を描く人だけになるという理想像は、この文章がシュティルナー批判の文脈で行われているという専門的な領域での解説は一先ず置いておいて、専門分化やアマチュアリズムとプロフェッショナリズムという現代でも興味深い議論につながる問題提起になっている。

職業と趣味の違いは一般にそれを生業とするかどうかで分かれる。絵を描く人の大部分が趣味として行っており、僅かな一部がそれを生業とする職業画家である。職業画家といっても千差万別で、「画伯」と称されて作品が高額で取引されるような成功者もいれば、ギリギリ生活費を稼げるかどうかというような売れない画家もいる。

この点ではスポーツも同じで、同じ野球選手でも巨万の富を稼ぐスーパースターもいれば、マイナーリーグや弱小リーグでワーキングプア水準の薄給しか稼げない選手もいる。当然プロスポーツ化されて人気のある競技は競技人口も多く、競技者の大多数はアマチュアの愛好者である。

こうした芸術やスポーツの特徴は、それを行うのにプロである必要はなく、プロでなければ必ず一流になれないというわけでもない。実際に競技によってはオリンピック出場者の多くはプロではなくアマチュアであり、同じ競技でアマは必ずプロに負けるというわけでもない。

とはいえやはりアマ選手よりもプロ選手のほうが強い場合が多く、一般論としてはアマよりもプロが強いと言えよう。この点では絵画のような芸術分野は一層顕著で、職業画家よりも高く評価されるアマチュアは少ない。ただし同じプロでも売れている画家が売れてない画家よりも必ず優れているとはいえず、生前は殆ど売れなかったゴッホのように同時代人の認識が追い付かない場合もある。

とはいえゴッホのような事例は少数の例外で、大半は優れた画業は高く評価されて商業的にも一定以上の成功を収めるのが普通である。ましてや現在はネット社会で、無名のアマチュアが優れた作品をアップし続ければ遠からず話題になり、評判が高い場合は趣味の次元から脱しプロとして独立していくということも珍しくない。

この意味で、スポーツや芸術だとなおさら、アマとプロの差は確かにあり、それぞれに道を究めるにはやはりプロになる必要があるという見方はもっともなように思われる。

プロフェッショナルの存在理由がなくなる社会

ただしこれはあくまでこれまでの社会で一般に言えることであって、今後もずっとそうであるとは限らない。

スポーツにせよ芸術にせよ、アマよりもプロが有利なのは、何よりも競技や制作に打ち込む十二分な時間が取れるからである。どんなスポーツも芸術制作も趣味で取り組めるが、本業がある場合は取り組める時間が自ずと限られる。週40時間働いていながら同じように週40時間も趣味に費やすことは無理がある。そんなにも時間を割いたら睡眠不足になるし、他のこともできなくなり、健康で文化的な生活は送れない。これに対してプロならば、アマに必須の生業部分を丸ごと振替えることができる。これが違いとなって現れるわけだ。

ということは、問題の焦点は自由時間にあるということになる。ならば、生業として必要な自由時間が大幅に短縮されれば、現在のようなプロとアマの差は小さくなっていくと考えられる。例えば必要労働時間が週20時間以下になれば、現在のプロ専業者と遜色のない条件で競技や制作に打ち込めるのではないだろうか。

しかしそれでも、さして長くない時間であっても、それ以外のことをやらなければいけないのはやはり不利で、全生活時間を使えるようにならなければいけないという意見もあるはずだ。しかしこれは必ずしも望ましいとは思われない。

何よりも、人間には色々とやることがあり、そして色々なことをやらなければ人間らしい人生を全うできないはずだからだ。

つまり、スポーツや技芸を究めるにしても、生活の全てをそれのみに費やすのは個人の発達にとって必ずしも望ましいとは思われないし、競技能力や芸術的感性の向上にとっても必ずパフォーマンスを最大化するとも思われない。個人としての健全な発達の上に競技者や芸術家としての完成があるし、あるべきではないかということだ。

勿論、競技や制作活動以外に義務として行う必要のある労働が、たとえ短時間であっても何の面白みもなく、ただただ苦痛であるに過ぎないのならば、そうした労働が競技者や制作者のパフォーマンスを高めるのに資するとは思えない。しかしマルクスが展望する共産主義社会では労働は人間の本質の実現活動として、疎外的性格を脱している。たとえその実際的内容がマニュアル的なルーティン作業のような労働でも、労働者間の協議によって肉体的及び精神的苦痛を与えないように職場環境が整えられている。こうして労働の基本性格が疎外としての苦役ではなく人間性の成長を促進する実践に転化した社会では、それ以前のプロフェッショナルのように専らそれのみを行うような者よりも、労働と共に競技や制作を行うアマチュアのほうがむしろ高いパフォーマンスを実現できるのではないか。

マルクスが遠くに見据えた職業画家のいない共産主義とは、どうやらこうした社会のようだ。それは決してプロフェッショナリズムを否定することによって芸術のレベルが低下した社会ではない。むしろ逆に芸術制作のレベルが大衆的に高まり、現行社会でのプロフェッショナルの存在理由がなくなる社会である。

アマチュア万能人の人間造形

そしてこれはまた、マルクス最高の理想である全面的に発達した「全体的人間」像の自然な帰結でもある。なぜなら全体的人間とは一つのことに特化したプロフェッショナルではなく、できる限りで多くのことができるようになるアマチュア万能人ともいうべき人間造形だからである。

このことはまた、現在のプロフェッショナリズムにおける経済条件の否定も含意する。

現在のプロフェッショナリズムは、成功したごく一部のみが巨万の富を得て、その他多数が貧困に留まることを当然の前提としている。マイナースポーツなどでは競技人口が少なくサポート体制も貧弱で、成功者でもさしたる報酬も得られなかったりするが、競技者もファンも別に清貧をよしとせず、できればメジャー化してメジャーな分野と同等になりたいと願っている。つまりプロフェッショナリズムに共通するエートスは、優秀な者は経済的成功を手にすべきで、実力と収入は正比例しなければならないというものである。現在の資本主義社会ではこのエートスは当然の前提とされ、一流のプロが多額の報酬を取ることは非難されず、むしろ働きに比して受け取り分が少ないことが批判されたりする。

一流スポーツ選手が幾ら多く稼ぐとはいえ、大地主や大ブルジョアに比べれば微々たるものである。しかも選手は自らの労力を基に稼ぐのに対して、大地主や大ブルジョアは地代や株式配当により何もせずに寝ていても巨万の富を得続けられる。この意味で比べれば、一流選手の高収入は小さな悪とも言える。とはいえ貧困に喘ぐ多数がいる限り、どのような方法であっても巨額の収入を得ることそれ自体が不正であり、巨額報酬の源泉は間接的ではあるが、やはり労働力の搾取に由来するには違いない。

自己増殖する価値としての資本が無くなった未来社会では、アマチュアでありながら現在のプロと同等以上のパフォーマンスが発揮できる条件が整っている。だから競技者や芸術家の優劣を金銭の多寡によってランクづける必要も必然性も消失している。優秀者に与えられるべきは金銭ではなくて、古代オリンピックの勝者がそうであったように、名誉のみである。全ての人は等しく豊かになった社会では、現在のように突出した富者の存在は否定される。芸術やスポーツにあっても自己実現や金銭的報酬とは別の栄誉や賞賛それ自体が目的となり、プロフェッショナリズムは終焉するのである。

生活に困ることなく芸術やスポーツに打ち込める社会

このことは逆に、労働力の搾取に基いて富の偏在と貧困が存在する現在ではむしろプロフェッショナリズムが正当に評価されるべきことを意味する。

現在にあっても一部の一流選手や芸術家のみが巨万の富を稼ぐのは不正であり、是正されるべきではあるが、問題の焦点はそこではない。問題はむしろプロの多数が、最低限の生活すらままならない低所得に甘んじている点にある。社会主義ならば予め生活が保障された上で各人が技芸に打ち込むことができるが、資本主義ではそうではない。搾取経済によって、本来ならばもっと発揮されるべき各人のパフォーマンスが抑圧されている。経済的成功と実力は資本主義では相関関係にあるとはいえ、絶対ではない。貧困に喘ぎながらも頑張り続けている人々の中で、貧困ゆえに辞めざるを得なくなり、将来の大輪を咲かせる前に枯らせてしまったという向きは、決して少数では有り得ない。

このことはまた、学問研究の分野でもいえることである。学問分野によっては実力とポストが対応していないことは普通にある。実力にふさわしいポストが与えられなかったり、生活費を稼ぐ必要により、大学院生のような修行期間に十分な研究時間が取れずに研究の継続を断念せざるをえないというようなことは、我が国などでは特に、ありふれた風景である。

学問の発展に必要なのはそれを担う人材の裾野の広がりであって、実力と運に恵まれた一部だけが生き残ればいいというものではない。多数が経済的な心配なしに学問に打ち込める条件が整ってこそ、学術の大いなる発展が展望できる。この意味で、スポーツや芸術同様に学問研究においても、資本主義という搾取に基く貧困社会では、むしろプロフェッショナリズムがきちんと擁護される必要があるのである。

この点で、職業画家が消えて皆が日曜画家になるマルクスの未来展望は、はるかかなたの理想と言わざるを得ないだろう。現在必要なのはむしろ逆である。僅かな成功者が多額の収入を得る一方で多数の生活が成り立たたず、優れた芽を摘んでしまうようなプロフェッショナリズムのあり方ではなくて、少数の突出した高収入を抑制する代わりにできるだけ多くが最低限でも生活が成り立つようになり、多くの有志の参入が容易になるような文化政策である。こうしてできる限り裾野を広げることなしには文化の発展はあり得ない。

このことはまた、マルクスが展望した職業画家のいなくなる共産主義の未来は、突拍子のない夢想というよりも、芸術の発展という観点からはむしろ合理的な構想と言えなくもない。何しろ共産主義では誰でも生活に困ることなく芸術やスポーツに打ち込めるのである。現在のように狭き門ではなく、門は最大限開かれたままである。ごく短い必要労働時間以外は、誰でも好きなことに打ち込めるのであり、自らの好む技芸で成功してもしなくても生活に困らない。こうした生活の安定が、競争社会である人類の前史よりも文化発展を促進すると考えるのは、むしろ自然な想定ではないだろうか。

19

労働日の短縮が根本条件である。

『資本論』

何の根本条件なのか？

この短い言葉を結論として含んでいる文章は、マルクス研究者や既にマルクスに親しんでいる読者にはお馴染みである。この結論までの長い文章を引用して解説するのが慣例化しているが、マルクスの短い言葉からイメージを膨らませることを旨とする本書では、敢えてこの言葉それ自体から考えを広めてみたい。

この短い言葉を理解するための最低条件は、「労働日」の意味を知ることだが、これは一日24時間という「自然日」に対する労働時間をいう。現在は一日8時間週40時間が標準労働日である。

ではそうした労働時間の短縮が何の根本条件なのか？

この言葉の文脈からだと理想の共産主義社会ということになる。そしてこの言葉に託したマルクスの理想は余りにも遠大である。

既に本書で繰り返してるように、マルクスはヘーゲルを継承して労働に重大な意味を持たせた。労働とはその抽象的な本質的次元では対象化活動であり、人間の内的な本質を外に出して自らの前に現実化し、しかる後にそうして現実化された対象を再び我がものとする過程である。そうした労働によって措定された対象が作り手である労働者自身の物にならずに疎遠になるのが疎外である。疎外された対象は資本主義では資本へと怪物的に転化し、自らの作り手であるはずの労働者を逆に自らの増殖のための消化酵素として飲み込んで増殖してゆく（『資本論』）。その代表的な弊害は環境破壊で、マルクス自身はそこまで酷くなるとは予想できなかったが、資本のあくなき利潤追求が地球環境全体の持続可能性をも脅かしているのが現在である。

このため資本主義を乗り越えた生産様式である社会主義の直接的目標は労働疎外の克服であり、対象化が疎外されて労働者に対向することがないような労働の実現である。そうして資本主義によって非人間化された労働を、再び人間化し直すことである。

ということは、マルクスにとっての理想社会とは理想の労働社会であり、皆が自分にふさわしい労働を行い、労働の中でこそ真実の自己実現ができる社会のはずである。ところが必ずしもそうではない。というのは、労働は確かに対象化であり、対象化である限りで人間の自己確証活動でもあるが、自然的存在である人間が肉体的生存を維持し続けるために必要不可避に行わなければならないという側面もあり続けるからだ。

必要に駆られて行わざるを得ない労働は文明の発展による生産力の向上でその強度も必要時間も低下していくが、なお必要に応じて行わざるを得ない限りではまだ「必然性の王国」に留まっていて、真の自由を実現し得ていない。

マルクスはカントやヘーゲルのようなドイツ観念論の思想的継承者として、自由こそが人間にとっての最高の価値であり、人間はそれを目指し、実現されるべき規範だとした。

しかしここでいう自由はカントやヘーゲル同様に、ただ外的な拘束がなく何でもできるということではない。カントは、人間は外的な拘束がなくなればなくなるほど、敢えて自らの従うべき原則に自らを律して服従させ、原則的な生を実現することで人間性を高めるのが真の自由だとした（『人倫の形而上学』1797年）。カントの場合は自ら進んで服従すべき原則は道徳法則だが、マルクスでは疎外されない自己実現である。その具体像は『99％のためのマルクス入門』で詳論したような共産主義的ゲノッセンシャフトで実現される全体的人間である。

労働の疎外を無くすことが大前提

全体的人間とは各人が各人なりの資質を十全に発揮して自らの望む生を実現することであり、人間性が完全に開花した状態である。こうした全体的人間を可能とするための自由は必然性に囚われていてはならず、必要労働よりも高次な次元の活動によって実現される自由でなければならない。

その意味では、労働によって実現される自由はまだ低次の自由であり、労働以外の活動によって実現される自由こそが真の自由ということになる。ではマルクスは、労働は無くなればいいと考えていたのであろうか？

実際にその可能性はある。『ドイツ・イデオロギー』には「労働の廃止」という言葉もある。しかし現実に労働時間がゼロになるとは、マルクスならずとも考え難い。現在の高生産力社会でも労働を無くすことはできていない。全ての労働を機械やロボットがやる未来というのも考えうるが、まだ空想ＳＦの次元に留まっている。少なくともマルクスはどんなに生産力が高まっても必要労働は残るし、その限りで必然性の王国は残存し続けるとした。

しかしそうした必然性の王国の中で先ずは労働の疎外を無くすことが何よりの大前提になるのだとマルクスは考える。

『資本論』において労働は人間と自然との物質代謝を媒介しコントロールする過程だとされた。労働は物質代謝それ自体ではなく、物質代謝は労働のあり方に関係なく必然的に行われ続ける。それは自然存在としての人間の生存条件である。

そしてこうした生存の前提である物質代謝は、その都度の生産力のあり方によって基本的に規定される。原始的な低生産力状態では人間は自然に翻弄され、物質代謝を十全にコントロールすることができない。物質代謝は自然の「盲目的な支配力」によって翻弄される。

資本主義を生み出せるまでに高まった生産力は、既に物質代謝を十分に規制できる段階に達してはいるが、資本主義という生産関係の桎梏によって、物質代謝は疎外された労働生産物である資本によってかく乱されてしまう。

そして革命が成功し、高まった生産力にふさわしい生産関係が確立した後には、物質代謝は外的な力によって支配されることがなくなり、労働によって十全にコントロールされるようになる。そうした理想的な共産主義的な生産関係において、「最小の力の支出で自らの人間性に最もふさわしい、最も適合した諸条件」の下で物質代謝を行えるようになる。こうした物質代謝を可能にする労働は、自然成長的でなく目的意識的な活動になっており、疎外されない自由な自己実現の確証行為に転化している。

このような生産力の発展に基く疎外されない労働の実現は、人間的自由の偉大な達成と言っていいはずだが、この偉大な自由すらもマルクスはなお、「必然性の国」における低次の自由に過ぎないのだという。

必然性の王国における自由の実現はあくまで「真の自由の国」における真実で最高の自由を実現するための手段に過ぎない。そしてそうした最高の自由を実現するための根本条件が労働時間の短縮なのだという。

労働は義務であっても苦役であってはならない

そうするとマルクスの理想とする人間と社会像は概ね次のようになりそうだ。

先ず労働日で行う労働は疎外されない自己実現としての自由な労働ということになる。この場合、生産力を維持し発展させる必要から不可避的に行わざるを得ない義務的な位置付けの労働であっても、なおその内容は疎外されない自己実現活動であるのが望まれる。労働は義務であっても決して苦役であってはならないわけだ。

とはいえ労働が自己実現活動だからといって野放図に長くやればいいというわけではない。人間は多面的な存在として、労働日以外で多くなすべきことがある。むしろ人間性の全面発達という観点からは、どんな充実した労働であっても必要最小限に短縮される必要がある。

こうしてマルクスの理想とする人間と社会のあり方は、それ自体が人間性を発達させるのに最もふさわしいような疎外されない労働を、義務ではあるが決して苦役ではない形で短時間だけ行い、たっぷりと余った自由時間の中で学問や芸術それにスポーツといった活動に偏りなく励み、肉体的にも精神的にも健全に発達した全体的人間を実現するというようなものになる。

こうしてみると、マルクスの理想は余りにも高邁であり、幾ら何でも「いいとこどり」に過ぎないかという印象を受けざるを得ない。

マルクス主義といえば「科学的社会主義」で、先行する「ユートピア社会主義」のように理想を語らないという通俗的イメージとは裏腹に、マルクスが断片的で抽象的にではあっても語っていた理想社会像を集約してその理論内容を真面目に再構成して見ると、フーリエのような荒唐無稽さはないものの、フーリエに勝るとも劣らないほどの楽観的なユートピア精神に溢れている。

このことはまた、マルクスの高邁に過ぎる理想をかつての「科学的社会主義」のように絶対に実現される歴史法則の類と見るのは危険なことを意味する。またそうした絶対視はマルクス自身の意図にもそってないだろう。

マルクスが論じたのは「人間は何を望むことができるか」というような、究極的な理念のようなものではないか。あるいは、マルクス自身は逆に、大真面目にこうした高邁な理想が絶対的に実現されると信じていたのかもしれない。だとしたらそれは間違いだったのではないか。マルクス自身がどう考えていたにせよ、マルクスの断片的言説を再構成して現れる彼の理想像は、あくまで社会の望ましい発展方向を示唆するために究極的な理念として受け止めておくというのが、現代に生きる我々にはふさわしいのではないかということである。

そうしてワンクッションを置いてマルクスのいいとこどりが過ぎる究極的理想像を受け止めれば、やはりこれがそのまま実現するのはどう考えても難しいし、そもそも実現不可能ではないかと思える。しかしながら少しでもこうした形に近づくべきだという究極理念としては、貴重な問題提起になるのではないか。

いまなお目指すべき規範

我々の社会は既に労働時間を大幅に短縮できる生産力水準にあるにもかかわらず、資本主義という生産関係のために人間的な自己実現にふさわしいまでに労働時間は短縮されていない。そして義務としてなされる労働は多くの場合は苦役として課され、自由時間は疲弊した労働力の回復のために人間的な自己実現にふさわしくない形で浪費されがちである。

それだから、それ自体が自己実現活動としての労働を、苦役とならないような短時間のみ行い、自由時間に各人の人間性を高めるような創造的活動を行うことで人間が本来持っている可能性を十全に実現できるようにするという理想は、高邁に過ぎるものの、やはり人間の可能性という観点からはなお目指すべき規範ということになろう。

果たして未来社会はこうしたマルクスの究極的理想にどれだけ近づいているのか。確かなことは分からない。しかしマルクスの高邁に過ぎる理想が、人類が資本主義を卒業しない限りは決して実現されることのない夢であることだけは確かである。

20

現実において、そして実践的唯物論者たちすなわち共産主義者たちにとって問題なのは、現存の世界を変革すること、現前の事物を実践的に攻撃し、変えることである。

『ドイツ・イデオロギー』

マルクスは弁証法的唯物論者だったか？

本書はこれまでマルクスの有名無名の言葉を取り上げて、それぞれの言葉の持つ含意について大いに敷衍しながら解説することによって、『資本論』に体現されたマルクスの思想的真髄を明確にしようと努めてきた。それはまた、資本主義の否定である共産主義という未来社会の具体的イメージと、未来をそうした社会として実現すべき理由を提示することでもあった。

批判するには批判するだけの論拠が必要であり、そうした論拠が貧弱であれば、批判することと自体の意味が薄らいでしまう。資本主義が批判されるべきなのは、それが人間にとってふさわしくないからであり、人間は資本主義よりもよい社会を求める資格があるし、また実現できる可能性も有している。

こうしてマルクスの思想的核心を述べることとは、マルクスの経済学理論の前提にある哲学を明確にすることに他ならない。人間と人間の作り出す社会の本質と行く末を見据えて、人類に適切な選択肢を提示するのがマルクスにおける哲学の役割ということになる。そしてそうしたマルクス自身の哲学は、彼の思想的立場を端的に示すものとなる。

本人が書いた（とされる）論文や政治報告の中で、自分自身を三人称で呼称したスターリンとは対照的に、マルクスが自分は決して「マルクス主義者」ではないと言ったとされるのは有名なエピソードである。ではマルクスは自身を何主義者や論者と規定していたのであろうか。

マルクス主義の歴史で正統とされた「マルクス＝レーニン主義」では、これを体系化したスターリンとそのエピゴーネンによってその哲学的核心は「弁証法的唯物論」だとされた。そしてこの弁証法的唯物論という言葉はその後、マルクス主義の思想的立場を表す概念として一般化された。マルクス主義者とは弁証法的唯物論者であるというのが共通理解として広まったのだった。

しかしマルクスもエンゲルスも、熟語として「弁証法的唯物論」という用語を用いたことはなかった。マルクスは弁証法的唯物論者と自称はしなかった。

もっともマルクスは確かに唯物論者であり、その方法論は弁証法である。だからマルクスに対して単に弁証法を方法論として採用している唯物論者という意味で弁証的唯物論者というのならば、別に間違いではない。ただし言葉というのは中立ではなく、歴史的に形成された含意に付きまとわれている。マルクスのことを、ただ弁証法を方法論としていた唯物論者という意味で弁証法的唯物論者と呼ぶのは間違いではないが、必ず誤解を招く。スターリン主義者の定式化した「弁証法的唯物論」体系はマルクスの思想を歪曲したものである。このためマルクスを何の断りなしに「弁証法的唯物論者」と呼ぶことは、客観的にはスターリン主義的なマルクス解釈にコミットしていると受け止められてしまう。この意味で、マルクスへの一般的呼称としては、一々但し書きをして誤解を避ける必要があるという点で、「弁証法的唯物論者」は不適切だろう。

実践的唯物論者と自称

ではどのような言葉がマルクスの哲学的立場を示すのに適切だろうか。本書のこれまでの叙述及び私がこれまで公刊してきた著書でも繰り返していたように、「疎外論者」が適切なのは間違いない。なぜならマルクスは彼の主要な研究対象の本質を疎外された生産手段だと規定していたからである。

ただしマルクス自身は自己を疎外論者と呼称することはなかった。疎外論はあくまで資本主義を分析し批判するための視座であって、マルクスには疎外論を哲学原理として独立させて、ヘーゲルのように独自の哲学体系を構築しようとする志向性はなかったからである。

これに対して、マルクス自身が用いて、その理論内容も疎外論と矛盾することなく疎外論を包括する形で全体的な思想的立場の表明となっているのが「実践的唯物論」である。共産主義者であるマルクスは実践的唯物論者だと自称している。そして確かにマルクスの思想的立場は実践的唯物論である。マルクスを「弁証法的唯物論者」と呼ぶことは間違いではないが、漏れなく誤解を引き起こす。それに対して彼を「実践的唯物論者」というのは誤解の余地なく正しい。マルクスの弁証法的な唯物論は同時に実践的な唯物論でもあることに核心がある。

ただしマルクスが自己を「実践的唯物論者」だと適切に規定することで取り上げる言葉もまた、これまでの言葉同様に、説明抜きでは致命的に誤解されてしまう。もっともここまで読まれた読者には、誤解の方向と正解の道筋は予想が付くのではないかとも思えるが。

労働こそがプラークシスの代表

今ここで取り上げる言葉でマルクスは、自らもそうである共産主義者とは実践的唯物論者であって、そうした実践的唯物論者にとって重要なのは世界を変革することで、現実を実践的に変えることだとしている。つまりここで言われているのは、「フォイエルバッハ・テーゼ」と同じことである。

ということは、ここで言われることもまた、理論抜きの実践重視という話ではない。そしてこの言葉では、「フォイエルバッハ・テーゼ」がそうであったように、概念が規範的に使われてもいるということが、読解の鍵となる。

冒頭の「現実」は、これただ記述概念と受け止めれば、やはりこれもさして意味のない繰り返しになる。しかしこの現実を規範概念として、今はそうではないが未来においてそうなるべき現実だと捉えれば、現存の世界が変革された望ましい形での理念の実現状態ということになる。

そうすると、ここでいう実践もまた、規範的な意味での実践ということになる。そしてこれは実践の元々の意味でもある。

マルクス主義の文献で多用される実践という概念は通常、単に実際に体を動かして何かをやる程度の意味で受け止められているが、元々はギリシア語でいうプラークシスであり、特にアリストテレスの用法が哲学史で強い影響を与えてきた。

アリストテレスは自然の模倣を事とする制作＝ポイエーシスと対比する形でプラークシスを用いていた。それは人間にふさわしい徳のある行いで、なすべき望ましさとしての倫理的行為を意味した。直接民主制の市民として政治活動が重要なプラークシスの代表だった。そしてアリストテレスでは神の行いの模倣として、静かに真理をテオーレイン（観想）することが最高のプラークシスとされた。アリストテレスでは労働は奴隷の行う活動であり、プラークシスではなかった。

これに対してマルクスにとって労働は人間の本質の対象化であり、労働こそがプラークシスの代表である。そして労働が対象化活動である限り、人間の自己実現のための不可欠の手段でもある。だから労働という実践は倫理的に望ましい活動としての実践になるのである。当然資本主義を変革して望ましい社会を実現しようとする革命運動もプラークシスである。それは倫理的実践であり、倫理的実践でなければならない。革命だからといって銀行強盗をやったりしてはいけないのである。目的は手段を正当化しない。革命はプラークシスであり、共産主義とはプラークシスとしての実践活動である。だからその活動は常に倫理的な目的と品性を保って行われなければいけない。

共産主義運動とは倫理的実践であるということは、『ドイツ・イデオロギー』で同じように有名な次の言葉にも当てはまる。

共産主義は我々にとって、作り出されるべき状態、現実が従わなければならない理想ではない。我々が共産主義と呼ぶのは、現在の状態を止揚する現実的運動である。この運動の諸条件は、今現存する前提から生じる。

この言葉もまた概念をただ記述的にのみ理解すれば、共産主義とは理想のようなものではなく、ただただ現状変革運動にコミットするルーティン的な活動ということになる。

こうした解釈は、マルクス主義は「空想的社会主義」のように理想を語ることはなく、「科学的」な「歴史法則」への理解によって共産主義の未来での実現を確証し得た「科学的社会主義」だとする伝統的解釈と整合的である。また現実社会主義のイデオローグからすれば、あるべき理想を考えて不満を漏らすことを反革命だと糾弾できる都合の良い論拠ともなる。まさに旧態的なマルクス主義にふさわしい文言ということになる。

しかしマルクスが概念を規範的にも使っていることを知れば、こうした反動的な解釈を退けることができる。

現実に当てはまるように理論を練り上げていく

マルクスのいう実践は単なる実行ではなく倫理的実践としてのプラークシスであることを強調したのは、かつて旧ユーゴスラビアで活躍し、マルクス主義の歴史に偉大な足跡を残した思想家集団であるプラクシス派のミハイロ・マルコヴィチだった。マルコヴィチによれば、この言葉にある「現実的運動」の「現実」は規範的概念である（岩淵他訳『コンテンポラリィ・マルクス』亜紀書房、1995年、21頁）。

そうなるとこの言葉の内容は伝統的解釈と180度変わる。共産主義は理想としてのあるべき現実を作り出す倫理的実践ということになるからだ。そのため「作り出されるべき状態、現実が従わなければならない理想」というのは理想一般ではなく、不適切な理想のあり方ということになる。変革のために現存する前提条件を十分に踏まえず、実現不可能な空論として理想を掲げてはならないということである。

そもそも共産主義は未来において実現されるべき状態であり、原理的に理想でしかありえない。未来の出来事を理想ではなく選択の余地なく実現する現実だなどというのは科学を逸脱した予言である。こうした予言の類を歴史法則の名の下に断言していた旧来の科学的社会主義は社会科学というよりも疑似宗教的な歴史信仰だった。共産主義に限らず、未来の出来事を現在までと同じ次元で語ってはいけないというのは、常識的な認識の制約として、マルクス主義以外の社会科学では普通に受容されている基本前提である。ところが、共産主義は理想ではない、社会主義とは規範ではなく科学であるというような、社会認識の方法論への無知をさらけ出すような迷妄を、むしろブルジョア・イデオロギーに対する優位性であるかのように驕り高ぶって喧伝していたのが、旧来のマルクス主義である。こうした独断的態度はもうきっぱりと止める必要がある。

ここで言われているのは、共産主義というのは予め頭の中で拵えて、それに従って未来が進行していくような意味での理想ではないということである。現実に先立って構想された理論に合うように現実を解釈していくのは不適切だということだ。なぜなら現実は複雑で多様であるため、未来は常に不確定だからである。

そこで必要となるのは、現実を理論に当てはめるのとは逆に、現実に当てはまるように理論を練り上げていくことである。トライ&エラーで、現実での失敗をフィードバックしながら、常に理論をアップデートしていく。そうした理論として共産主義を考えるべきだということである。

「現実的運動」としての共産主義

このことは、共産主義が理想ではないということを意味しない。共産主義が実現されるべき未来として原理的に理想である他ないという消極的理由以上に、共産主義を理想として掲げる積極的必要がある。なぜならそうした理想がなければ、現在の状態を止揚しようとする実践が、適切な方向に向かっているかどうか判断できないからだ。

絶対そうでしかありえない未来として掲げられるような共産主義像であってはならない。それは理論ではなく宗教信条である。必ずそうなるとは限らないという意味ではあくまで暫定的ではあるが、しかし現時点では最良と考えられる理想として共産主義を構想し、現実的な諸前提を踏まえた革命的実践の経験を踏まえてより良い形に修正していくような理想の未来像として共産主義論を捉え、絶えずこれを彫琢していく。これが規範的実践を意味する「現実的運動」としての共産主義である。こうした共産主義であれば、旧来のマルクス主義のように疑似科学的な法則信仰ではない形で、他の社会科学理論と並んで現代的なアクチュアリティを主張できよう。

あるいは、私の解釈は贔屓の引き倒し的な過度の読み込みで、ここで言われているは旧来のマルクス主義同様に理想を否定して法則信仰に基づきながらルーティン的に目下の課題のみを無目的にこなす運動が共産主義だということかもしれない。

だとしたらそれは明らかな間違いである。私の解釈が手前味噌な「改釈」に過ぎないのならば、きっぱりとそんなスターリン主義者もどきのマルクスを否定すべきであり、マルクスを大胆に修正して、マルクス主義を現代的水準にアップデートするべきである。

そしてこれは、前著である『99%のためのマルクス入門』同様に、本書の基本方針でもある。

本書はマルクスの言葉をピックアップしてその真意と理論的可能性を探ろうとした。それは古典としてのマルクスを現代に生かそうという試みである。

古典に対しては、先ずはその正確な理解が最大限追求される必要がある。できる限り正確に理解した上で、その理論の現代的アクチュアリティが問われるべきである。

しかし理論は現実のためにあるのであって、現実が理論のためにあるのではない。マルクスを何か「無謬の聖典」のように祭り上げて、無理やり現実に当てはまるように曲解したり、予め導き出したい結論に都合の良いように断片化することは避けなければいけない。

本書で私はマルクスの真意を探り、その現代的アクチュアリティを提示してきた。だがそれは何か「真のマルクス」のようなものを提示し、マルクスをして時代を超える真理を啓示した予言者の類にすることではない。共産主義がトライ&エラーによって彫琢され続けられるべき理想であるように、マルクス解釈も誤解や誤読の可能性を前提にして、常に修正されるべきである。そして修正された新たな解釈が修正前よりも色褪せたならば、その理論や文言に固執する必要はない。よりよい説明のために大胆に修正したり、場合によっては投げ捨ててしまって構わない。

こうした意味で、マルクスを現代に生かすということは、マルクスの信徒になることではない。それはマルクスを曲解することなく適切に解釈した上で利用するということである。そして全体として利用価値が見出せなくなったら、それはマルクスへのコミットメントを終了する潮時である。

しかし今のところマルクスはまだまだ大いに利用価値があるし、他に替わる者のない偉大な古典であるのは間違いないように、私には思われる。

付論　物件化としての商品化

マルクスの古典としての奥深さ

マルクスを本格的に研究し始めて30年余り経ち、その間の研究成果は単著を中心として数多く活字化してきた。マルクスと言えば研究文献は勿論のこと、原典自体が膨大であり、研究には多大の労力が必要とされる。とはいえ、研究上の典拠とされる文言はある程度限られており、そのため、研究を続けている限りそれら重要なマルクスの文言を繰り返し読むことになる。それらの中には意味が明瞭であり、解釈上の論争点がないものもあるが、文章自体の難解さや、解釈者がそれとは知らずに囚われている、歴史的に形成されたバイアスにより解釈が歪められがちな、論争的なものもある。

そうした難解ではあるが興味深い内容を含んだ文章をこれまで数え切れないほど繰り返し読み続けているが、まだまだ新たに発見することが多くて、マルクスの古典としての奥深さに、いつも感嘆している。例えば『99%のためのマルクス入門』で説明したように、『ゴータ綱領批判』のゲノッセンシャフトの解釈であるが、なぜマルクスがアソシエーションではなく敢えてゲノッセンシャフトという語を用いたのかという理由が、ヘーゲルのトリアーデから国家を否定してしまった結果、家族的な原理しか残っていなかったためだとした。

気付いてみれば当たり前の話で、それがためにマルクスは既に若き日の『経済学・哲学草稿』で労働者の「兄弟的な連帯」を理想とする文言を遺したのだった。『ゴータ綱領批判』と

『経済学・哲学草稿』では30年以上の開きがあるが、マルクスの中では一貫した前提だったわけである。『ゴータ綱領批判』の難問が解けたお陰で期せずして、逆に以前から唐突の感を抱いてきた『経済学・哲学草稿』の箇所の真意も理解できたのである。ここにマルクス研究の尽きせぬ面白さがある。

マルクスと廣松の物象化論

ところで、私はこれまで30年余りマルクスを研究してきたと書いたが、これは大学院に入ったのが1989年だからであり、それ以来ということを意味する。しかし私のマルクス研究がある程度知られるようになったのは2000年に出版した博士論文『初期マルクスの疎外論』(時潮社)からだろうと思う。本格的に研究を始めて10年余りの研究成果をまとめたもので、実質的にも個人的な感慨としても研究に一区切りをつけたものになった。それ以降もマルクス研究を続けてはいたが、マルクスでは暫く単著を出すには至らず、マルクス関係の2冊目の単著を出すには2013年までかかった。しかしその後は2015年、2018年と早いペースで出し続けて、2021年の『99%のためのマルクス入門』でマルクス関係の単著が5冊になっている。こうした出版事情のせいか、最近は新たな読者を多く獲得することができ、特に若い世代を中心に、拙著がマルクスへのよい入門になったという嬉しい知らせを数多く受け取ることができた。と共に、図らずもこれまで発表してきた幾つかの旧稿が、私自身が思っていたよりも多くの読者を得ていたことを知ることにもなった。

特に「マルクスの物象化論と廣松の物象化論」という論考である。これは依頼されて経済学理論学会の機関誌『季刊　経済理論』に寄稿したもので、2011年のことだった。廣松渉特集ということでお鉢が回ってきた形だったが、実を言うと当初は気乗りがしなかった。というのも廣松というのは私にとって完全に「過去の人」だったからである。確かにかつて上記博士論文で廣松のマルクス研究を徹底批判して、それがために依頼されることにもなったわけだが、徹底的に批判したということはその前提として大量に廣松の著作を読んだということであり、これは実に苦痛な、うんざりする作業だったからである。いいことや為になることが書いてあればよかったのだが、碌でもないことばかりであり、それだからこそ批判もしたのだが、批判するからには斜め読みは許されず、読書自体は誠実に根を詰めて行わざるを得なかった。このため、依頼された時点の私は、「廣松はもういいよ」という気持ちだったのである。しかし名前は伏せるが、依頼者が親しい研究仲間であり、今や日本を代表するマルクス経済学者の一人であったことと、マルクス経済学のメイン学会の機関誌に依頼論文が掲載されるというのはやはり光栄なことでもあるので、引き受けることにした。

引き受けるからにはよい物にしようと思い、論文内容と直接関係する廣松の著作を読み返したりして、全力投球で執筆した。このため内容には自信があったが、依頼者とは別の編集委員から奇妙な理由で元原稿の一部内容の削除を要求され、不本意ではあるが不完全な形の修正稿を再提出して受理され、これが掲載されることになった。

不完全な形ではあるものの、基本的には渾身の力を込めた論考であり、自信作には違いがなかった。しかし詳細は書かないが、畑違いの無知な者から酷評される事件があった。愚か者の妄言とは知りつつも、論文というのは自らの分身のようなものであり、自信作にけちをつけられて、大いに傷付いたものである。とはいえ、気を取り直して、この論考を不本意な不完全版ではなく、本来の完全な形で2013年の単著『マルクス疎外論の諸相』（時潮社）に再録することにした。このため、著者としてはこの論文は単著収録バージョンで読んで欲しいのだが、ネットでDLできることもあり、今でも『経済理論』の版が読まれることが多いようである。

それでも、この論文の核となる部分は修正箇所とは別であり、不完全版でも問題なく主旨は伝わる。この論文はタイトルの通り、前半でマルクスの物象化論について、原典解釈に基づいて概念規定を行い、後半で廣松の「物象化論」が存在論的なカテゴリーであるマルクスの物象化論を認識論的カテゴリーに歪曲したものだと批判した。この結論自体は、既に20代で書いた「廣松渉哲学の虚妄性」（1996年。博士論文に再録）の内容を再確認するものであり、この結論に関しては、今でも全く修正の必要を感じていない。

ただ、この論文の力点は本題である廣松批判よりもむしろ、批判の前提となるマルクスの物象化論についての分析にあった。そしてこの分析の結論的な内容自体も同じように若き日に書いた「物象化と物神崇拝の関係」（1997年。『マルクス疎外論の諸相』に再録）での議論を改めて丁寧に論じ直すというものだった。

その意味で、以前から私の論考を知っている読者には特に目新しいところはなかったはずであるが、博士論文以来の主張が新たに短く整理されて展開されているこの論考で初めて私のマルクス論を読み、新鮮な驚きを得る読者が少なくなかったことを後々知り、逆に著者として驚かされた次第である。

人間の「モノ化」の話である

私の理解では、マルクスの物象化論は物象化論であって物象化論でない。そもそも「物象化」という訳語自体が概念の真意を歪めるものだからだ。物象化という言葉からは普通、物ではないものが物のように現象するという含みがあるように受け止められるのではないか。まさに廣松はこの日本語の語感に最大限依拠して、彼の物象化論を展開したのであった。しかしマルクス自身の言葉であるVersachlichungには、物ではない何かが物のように現象するという意味はない。これは文字通りSachでないものがSach化するということを意味する。Sachになるのはその反対物であるPerson=人格である。つまりVersachlichungとは、物ではなくて人格的存在であるはずの人間が、物のようになってしまうことを意味する。従ってこの概念には、人間は物のように扱われてはいけないという価値観が前提されている。人間は物のように扱われてはならないから、奴隷のように首に値札を掛けて売買されてはいけない。そのような人間はもはやPersonではなくてSachである。この場合Sachの第一の意味は、それが手段的に売り買いされてしまうことのはずである。「物象」の訳が正しくないのは当然のことだ。常識的な日本語の用法では、売り買いされるような物を物件という。従ってVersachlichungは物象化ではなくて物件化である。ところが、これまでの我が国のマルクス研究では、マルクスが人間の「モノ化」の話をしているという本筋が殆ど理解されてこなかった。このため「物象化」という、認識論主義的理解を惹起する訳語が、余り反省されることもなく定訳化してしまい、それがためにマルクスの正しい理解が妨げられるという事態が今も続いている。

この論点と共に私が強調していたのは、物件化の原因にして本質であるのは疎外だということである。労働が疎外されるからこそ労働者はその人格性を失い、労働力商品というSachになってしまう。従ってマルクスの物件化論は疎外論と並び立つ機軸的な理論ではなく、疎外論を前提とした派生的な議論であり、疎外論の有機的な構成部分として、疎外論の一部を成すものだということである。

物件化論の真の理論的射程

以上の認識はこれまでことあることに繰り返してきたが、出版後に予想外の好評で迎えられた『マルクス哲学入門』（社会評論社、２０１８年）において、『資本論』の哲学を論じた章での論述を最近になって改めて振り返ってみて、新たに気付かされた論点があった。それは物象化を講じる多くの論者に欠けている視点であり、私自身もそこで自分がした議論の根本的な重要さに気付かなかった論点である。

それはつまり、マルクスの物件化論というのは、多くの論者がただそれのみを言うように、資本主義において労働者がSachに支配されることや、賃労働が転倒した人間関係であることだけを言うためのものではなかったということである。それだけならば商品論で十分なのである。

資本主義において人間は労働力という商品になり、資本に買われて使役される。ほぼ全ての論者はこの事態をただ哲学的カテゴリーで表現するために物象化という用語を使ってもっともらしい議論に見せかけているだけではないかということだ。しかしこれだけならば、人間の商品化というロジックさえあればいいのではないか。なぜ「物象化」なる用語が必要なのか。ただ人間が商品化されていると言えばいいだけではないか。不必要に概念を増やすことは、かえって議論の混乱を招く。実際これまでの「物象化論」は問題を明確にするよりも、むしろ勿体ぶった神秘化を促進してきたのではないか。
しかし問題は商品化の事実にあるのではなくて、それの価値判断にあるとしたら話は異なる。マルクスが人間の商品化を語るのみではなく商品化による物件化を語ったのは、商品化そのものの倫理的位置を明確にするためではなかったのかということである。

『経済学・哲学草稿』で若き日のマルクスは、それによって人間の自由意志を損なうが故に労働の疎外は望ましくないとした。『資本論』では疎外によって生み出される資本主義は、商品を細胞とする集積体だとされた。つまり労働者の自由意志を否定することによって商品経済は成り立つのである。『マルクス哲学入門』で私は、高い賃金によって例え労働力商品が適切に値付けされ得たとしても、人間が商品化されることそれ自体をマルクスは拒否したと記したが、まさにそれはどのようなあり方であっても商品経済それ自体が、人間にとっての最も重要な価値である自由を損なうがために許容できないということだったのである。これこそが物象化論ならぬ物件化論の真実の理論的射程だった。

つまり物件化という概念は、商品化を言葉を変えて説明し直すために使われたのではなく、商品化がなぜ悪いのかを批判するための基準として用いられたということである。資本主義がなぜ批判されるべきかと言えばそれは人間を商品化するからである。これまでのマルクス主義文献は基本的にここまでで終わっていた。これでは人間の価値を直ちに収入で測るような、資本主義的価値観に浸かった多数を説得する論理にはなり得ない。しかし商品化それ自体が自由であるべき人間を損なうという話ならば、近代的価値の精華として遍く許容されている自由という根本的価値を毀損するという、単なる商品化論では得られない説得力を持つことができる。これが物件化論の真意である。物件化論とは商品化論を単に哲学的に韜晦にした説明理論ではなくて、商品化それ自体を否定的に評価するための批判的な規範理論だったということである。

無論物件化論がこのように人間的自由を標榜する価値的な議論であるといっても、なお人間にとって自由など何ほどの価値もないという批判は可能である。これはこれで本来の論敵が現れたと考えることもできる。だが人間にとっての自由を軽視する議論が、自由を重視する議論よりも強い説得力を持って多数に支持される可能性は低いだろう。

（初出　ブリタニアグループ　http://www.britannia co.jp/column/）

あとがき

本書は私の10冊目の単著である。5冊目の単著(『マルクス疎外論の視座』本の泉社、2015年)の序文に「単なる通過点という感慨である」と記した。10冊目を迎えて、基本的には5冊目同様にこれも一つの通過点だろうという気持ちではある。とはいえ、研究を始めた当初にはまさか自分が10冊も単著を出せるとは思っていなかったのも事実である。だからそのあり得ないはずの10冊目を5冊目同様に単なる通過点として迎えられたのは、やはり感慨一入である。

省みれば、最初の単著である博士論文(『初期マルクスの疎外論――疎外論超克説批判』時潮社、2000年)から5冊目までは15年かかったのに対して、5冊目から10冊目までは8年と半減している。ということは15冊目までは4年ということになる。そして実際、既に複数の執筆計画が進行していて、本当に4年以内に出せそうな勢いになっている。一体いつまで本が出せるか分からないが、情熱と体力の続く限り頑張りたいと思う。

本書もまた『99%のためのマルクス入門』同様、安藤聡氏のご厚意により、同じく晶文社から世に問うことができた。前著の反省を踏まえ、極力平明に書くことを心掛けたが、いかんせん素材となるマルクスの言葉それ自体に膨大な含意があるため、どうしても込み入った話が避けられないところがあった。そのため出版の希望が受け入れられるか不安もあったが、執筆にかけた熱意を受け止めて下さった。改めて厚く御礼申し上げたい。

著者について

田上孝一（たがみ・こういち）

1967年東京生まれ。社会主義理論学会事務局長、立正大学人文科学研究所研究員、日本文藝家協会会員。哲学・倫理学専攻。1989年法政大学文学部哲学科卒業、1991年立正大学大学院文学研究科哲学専攻修士課程修了、2000年博士（文学）。著書に『マルクス疎外論の諸相』（時潮社）、『マルクス疎外論の視座』（本の泉社）、『マルクス哲学入門』（社会評論社）、『本当にわかる倫理学』（日本実業出版社）、『はじめての動物倫理学』（集英社新書）、『99%のためのマルクス入門』（晶文社）などがある。

犀の教室
Liberal Arts Lab

マルクスの名《めい》言《げん》力《りょく》——パンチラインで読むマルクス入門

2023年9月25日　初版

著　者　田上孝一

発行者　株式会社晶文社
東京都千代田区神田神保町 1-11　〒 101-0051
電話　03-3518-4940（代表）・4942（編集）
URL https://www.shobunsha.co.jp

印刷・製本　中央精版印刷株式会社

ISBN978-4-7949-7382-5 Printed in Japan